江西财经大学财税与公共管理学院
财税文库

中国省对市财政体制研究

黄思明

著

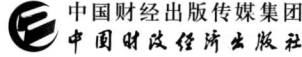

中国财经出版传媒集团
中国财政经济出版社

图书在版编目（CIP）数据

中国省对市财政体制研究／黄思明著．--北京：中国财政经济出版社，2019.12
　ISBN 978－7－5095－9426－1

　Ⅰ.①中… Ⅱ.①黄… Ⅲ.①地方财政－财政管理体制－研究－中国 Ⅳ.①F812.7

中国版本图书馆 CIP 数据核字（2019）第 248679 号

责任编辑：彭　波　　　　　责任印制：史大鹏
封面设计：陈宇琰　　　　　责任校对：李　丽

中国财政经济出版社 出版

URL: http://www.cfeph.cn
E-mail: cfeph@cfemg.cn
（版权所有　翻印必究）
社址：北京市海淀区阜成路甲 28 号　邮政编码：100142
营销中心电话：010-88191537
北京财经印刷厂印装　各地新华书店经销
710×1000 毫米　16 开　12 印张　220 000 字
2019 年 12 月第 1 版　2019 年 12 月北京第 1 次印刷
定价：68.00 元
ISBN 978－7－5095－9426－1
（图书出现印装问题，本社负责调换）
本社质量投诉电话：010-88190744
打击盗版举报热线：010-88191661　QQ：2242791300

总　序

习近平总书记在哲学社会科学工作座谈会上指出，一个国家的发展水平，既取决于自然科学发展水平，也取决于哲学社会科学发展水平。坚持和发展中国特色社会主义，需要不断在理论和实践上进行探索，用发展着的理论指导发展着的实践。在这个过程中，哲学社会科学具有不可替代的重要地位，哲学社会科学工作者具有不可替代的重要作用。

习近平新时代中国特色社会主义思想，为我国哲学社会科学的发展提供了理论指南。党的十九大宣告："经过长期努力，中国特色社会主义进入了新时代，这是我国发展新的历史方位。"中国特色社会主义进入新时代，意味着近代以来久经磨难的中华民族迎来了从站起来、富起来到强起来的伟大飞跃。新时代是中国特色社会主义承前启后、继往开来的时代，是全面建成小康社会、进而全面建设社会主义现代化强国的时代，是中国人民过上更加美好生活、实现共同富裕的时代。

江西财经大学历来重视哲学社会科学研究，尤其是在经济学和管理学领域投入了大量的研究力量，取得丰硕的研究成果。财税与公共管理学院是江西财经大学办学历史较为悠久的学院，学院最早可追溯至江西省立商业学校（1923年）财政信贷科，历经近百年的积淀和传承，现已形成应用经济和公共管理比翼齐飞的学科发展格局。教师是办学之基、学院之本。近年来，该学院科研成果丰硕，学科优势突显，已培育出一支创新能力强、学术水平高的教学科研队伍。正因为有了一支敬业勤业精业、求真求实求新的教师队伍，在教育与学术研究领域勤于耕耘、勇于探索，形成了一批高质量、经受得住历史检验的成果，学院的事业发展才有了强大的根基。

为增进学术交流，财税与公共管理学院推出面向应用经济学科的"财税文库"和面向公共管理学科的"尚公文库"，遴选了一批高质量成果收录进两大文库。本次出版的财政学、公共管理两类专著中，既有资深教授的成果，也有年轻骨干教师的新作；既有视野开阔的理论研究，也有对策精准的应用研究。这反映了学院强劲的创新能力，体现着教研队伍老中青的衔接与共进。

繁荣发展哲学社会科学，要激发哲学社会科学工作者的热情与智慧，推进学科体系、学术观点、科研方法创新。我相信，本次"财税文库"和"尚公文库"的出版，必将进一步推动财税与公共管理相关领域的学术交流和深入探讨，为我国应用经济、公共管理学科的发展作出积极贡献。展望未来，期待财税与公共管理学院教师，以更加昂扬的斗志，在实现中华民族伟大复兴的历史征程中，在实现"百年名校"江财梦的孜孜追求中，有更大的作为，为学校事业振兴做出新的更大贡献。

江西财经大学党委书记

2019 年 9 月

前　言

　　自新中国成立以来，我国的财政体制随着时间的推移和国内经济形势的变化，经历了不同时期，进行了不断变革。不同的财政体制在中央与地方的事权、财权的分配上各有偏重，对我国区域经济的形成与发展也产生深远的影响。1994年分税制改革以来，中央与省级政府间的财政管理体制建立和完善，分税制改革仅仅规范了中央与省级政府的财政分配关系。作为财政体制的重要组成部分，分税制改革完成后，财政部提出了完善省以下财政管理体制的指导性意见，各地陆续比照中央对地方的分税制财政管理体制框架，对本省的省对下的财政管理体制进行了调整。我国的"省对市"财政制度变迁则是伴随着我国省对下财政体制建立、发展、改革与逐步完善这一轨迹而变化的，省级政府对地级市政府的税收分成安排是市级财政体制中的核心内容，而市级财政体制的建立紧随国家财政体制变化而变化。在我国经济发展的不同时期，财政管理体制也进行了不同的变革。我国的财政体制改革经历了由"统收统支"的财政集权阶段逐步过渡到"分级包干"的财政分权阶段，进一步转化为"分税制"财权上收中央的财政集权阶段。地方财政体制的变迁更多的是围绕中央与省级之间的财政关系建立本省的省对市财政收入划分关系。

　　财政分权是当前经济发展中政府分权的重要方面，财政分权的内涵即包含政府间财政分权，其外延又包涵着政府向市场分权，政府间财权分配问题是财政分权问题中的核心命题。我国的市级政府财政体制是中央对地方财政体制的延伸、扩展，是贯彻和落实国家财政制度、国家治理体系和提供基本公共服务的"一线平台"，同时也是国家财政体制的重要组成部分。政府的层级决定了财政的层级，即我国的财政体制是一级政府一级财政体制。20世纪80年代以来，我国确立了中央、省（自治区、直辖市）、市（地区、自治州）、县（自治县、县级市）、乡（民族乡、镇）五级政府体制，财政体制也相应划分为五级财政。中央、省（自治区、直辖市）与市、县构成了我国财政层级中最为重要的三级架构。"省对市"财政体制是省级政府在分级管理中重要的中间环节，充分体现着省级政府的管理水平和行政能力，同时，对县、乡财政管理体制具有决定性的影响，也影响着辖区内公共品的供给和经济增长。因此，应如何科学定位"省与市"政府间的财政体制在我国政府的财政管理体制研究中显得尤为重要，构建合理有效的"省对市"财政体制对弥补市场失灵、发挥市场配置资源的决定性作用、优化宏观调控，实现市场与政府的双轮驱动以促进经济增长。

在我国的市场经济体系逐步步入良好轨道后，财政体制建设越来越影响着国民经济的发展与国家经济的兴衰。一套符合社会发展的财政体制，将关系着国家、社会的综合实力，也关系着整个社会发展的速度与人民的生活水平的高低。科学界定市场经济的基本特征与内在要求有助于建构与之相适应的财政制度。在全球经济危机尚未得到有效医治、外需萎缩和我国经济结构转型升级、增速趋缓、中美贸易摩擦等内外多重压力下，发挥积极有效的财政政策效应，是我国经济长期平稳较快发展的根本立足点。当前我国经济正处于经济"新常态"下的"三期叠加"和"四降一升"时期，经济增速降至7%以下。我国经济的发展面临着来自内、外部两方面的压力，经济的可持续、快速发展难度越来越大。财政是国家治理的基础和重要支柱。党的十九大报告从全局和战略高度强调加快建立现代财政制度，在国务院《关于推进中央与地方财政事权和支出责任划分改革的指导意见》的要求下，各地方政府明确中央与地方财政事权和支出责任划分各项要求的同时，加快建立了省以下财政事权和支出责任划分。

本书选取全国 31 个省、直辖市、自治区（不包括香港、澳门和台湾）辖区内 333 个地级市的财政体制为研究对象，结合经济新常态下市级政府财政体制改革面临的新特点、新问题，运用财政分权理论，从理论上研究市级政府间的最优分权问题。在此基础上，梳理了国内外学者的研究内容、方法、角度和研究动态，梳理了各省、直辖市、自治区 1994 年以来的"省对市"财政分权状况，按照集权、分权程度及地区经济发展水平等指标对各地区进行分类，归纳总结当前我国各省、直辖市、自治区财政分权的总体特点，分析了市级政府事权和财权划分的基本情况和财政运行机制。采用省对市财政体制改革中的省与市间的税收分成指标，创建面板数据，实证分析省市级政府财政分权对地方财政收支的影响以及促进辖区内工业企业发展的效应，并提出省对市财政体制改革的政策建议。

当然，由于水平有限，本书中存在的问题和不足，请读者给予批评雅正！

作者
2019年9月

目　录

第1章　导论 ……………………………………………………（ 1 ）
　1.1　研究背景及意义 ………………………………………（ 2 ）
　1.2　国内外文献综述 ………………………………………（ 12 ）
　1.3　研究思路和研究方法 …………………………………（ 27 ）
　1.4　研究结构和体系 ………………………………………（ 28 ）
　1.5　创新、研究价值及不足 ………………………………（ 30 ）
　1.6　本章小结 ………………………………………………（ 31 ）

第2章　省对市财政体制的理论分析 …………………………（ 32 ）
　2.1　财政分权理论的界定 …………………………………（ 32 ）
　2.2　市级财政体制与政府层级 ……………………………（ 40 ）
　2.3　本章小结 ………………………………………………（ 43 ）

第3章　我国省对市级财政分权体制现状分析 ………………（ 44 ）
　3.1　市级财政体制的变迁 …………………………………（ 45 ）
　3.2　市级财政体制与区域经济 ……………………………（ 53 ）
　3.3　市级税收分成制度 ……………………………………（ 61 ）
　3.4　地方政府税收返还体制 ………………………………（ 68 ）
　3.5　地方政府转移支付 ……………………………………（ 71 ）
　3.6　市级财政体制配套措施 ………………………………（ 74 ）
　3.7　东、中、西部典型省份的"省对市"财政体制及其比较 ……（ 76 ）

3.8　财政体制比较 ……………………………………………（93）
　　3.9　本章小结 ………………………………………………（97）

第4章　经济新常态下的市级财政体制改革特点 …………（99）
　　4.1　财政管理体制新常态 …………………………………（99）
　　4.2　新常态对我国市级财政体制的挑战 …………………（103）
　　4.3　本章小结 ………………………………………………（105）

第5章　市级财政体制与经济增长 …………………………（107）
　　5.1　"省对市"财政体制对财政支出的影响效应 ………（107）
　　5.2　市级财政体制与经济增长 ……………………………（116）

第6章　国外市级财政体制比较 ……………………………（131）
　　6.1　美国州以下财政体制 …………………………………（131）
　　6.2　英国的地方财政体制 …………………………………（140）
　　6.3　日本的地方财政体制 …………………………………（147）
　　6.4　其他国家的市级财政体制 ……………………………（155）
　　6.5　比较与经验借鉴 ………………………………………（157）
　　6.6　本章小结 ………………………………………………（169）

第7章　政策建议 ……………………………………………（170）
　　7.1　加快确立和培育地方主体税种 ………………………（170）
　　7.2　进一步加快地方政府事权和支出责任的划分 ………（171）
　　7.3　设计现代化的省对市财政体制 ………………………（172）
　　7.4　地方政府层级扁平化 …………………………………（173）

参考文献 ………………………………………………………（174）

第1章

导 论

1984年，党的十二届三中全会通过了《中共中央关于经济体制改革的决定》，提出："必须自觉依据和运用价值规律"，对市场和价值规律等问题提出了新的解释。党的十四大提出："经济体制改革的目标是建立社会主义市场经济体制，社会主义市场经济体制下的市场在社会主义国家宏观调控下对资源配置起应发挥基础性作用"。党的十八届三中全会把市场在资源配置中的作用从"基础性作用"提升到"决定性作用"。改革开放40年，市场经济的每一步深入发展都对财政理论建设提出了新的挑战。挑战的本质是创新，创新是为了适应实践的发展。在我国的市场经济体系逐步步入良好轨道后，财政体制建设越来越影响着国民经济的发展与国家经济的兴衰。一套符合社会发展的财政体制，将关系着国家、社会的综合实力，也关系着整个社会发展的速度与人民的生活水平。科学地界定市场经济的基本特征与内在要求有助于建构与之相适应的财政制度。在全球经济危机尚未得到有效医治、外需萎缩和我国经济结构转型升级、增速趋缓、中美贸易摩擦等内外多重压力下，发挥积极有效的财政政策效应，是我国经济长期平稳较快发展的根本立足点。

当前，我国经济正处于经济新常态下的"三期叠加"[①] 和"四降一升"时期[②]，经济增速降至7%[③]以下。我国经济的发展面临着来自内、外部两方面的

[①] 增长速度进入换挡期、结构调整面临阵痛期、前期刺激政策消化期，统称为"三期叠加"。
[②] "四降一升"是指经济增速下降、工业品出厂价格下降、实体企业盈利下降、财政收入增速下降，经济风险发生的概率上升。
[③] 数据来自国家统计局。

压力,经济的可持续快速发展难度越来越大。我国的中央、省、市(地)、县、乡五级政权体制的复杂的层级关系结构构成了我国特殊的国情,也决定了我国政府间财政关系复杂而烦琐。中国政府间的财政制度是任务层层下达,指标逐级分解的行政发包制。同时,我国存在着区域发展不均衡,地区间的经济社会差异很大,使地方政府无法充分地发挥其政府职能,且有些地方政府尤其是部分基层政府存在着不能有效地提供适合本地居民偏好的多样化的公共服务的现象。另外,我国局部地区的市、县、乡级的地方财政运行存在着较大困难。1994年,财政部多次提出了完善省以下财政管理体制的指导性意见,各地陆续比照中央对地方的分税制财政管理体制框架,对本省的省对下的财政管理体制进行了调整。近几年,我国政府先后实行了省直管县、乡财县管等管理模式,是省以下行政管理体制的一种有益的探索,但对解决目前我国地方政府中的市、县、乡一级财政体制中存在的问题,成效并不显著。"省对市"财政体制是省级政府在分级管理中重要的中间环节,能充分体现省政府的管理水平和行政能力,同时对县、乡财政管理体制具有决定性的影响,影响着辖区内公共品的供给和经济增长。因此,应如何科学定位"省与市"政府间的财政体制在我国政府的财政管理体制研究中显得尤为重要,构建合理有效的"省对市"财政体制对弥补市场失灵、发挥市场配置资源的决定性作用、优化宏观调控,实现市场与政府的双轮驱动以促进经济增长就成为本书研究的中心。

1.1 研究背景及意义

1.1.1 研究背景

受凯恩斯国家干预理念影响,财政联邦主义思想迅速兴起并成为风靡全球的话题,发达国家在原有的财政联邦主义体制下,对政府间税收结构不断加以改进和优化;发展中国家和转轨制国家则试图通过分权化改革建立新的中央和地方政府间财政关系,以改进经济绩效、促进经济增长。

目前,我国的经济发展进入了新常态,新常态下的经济增长效率、经济增长方式的转变与产业结构的调整在改革逐步进入"深水区"时期显得尤其重要。党的十八届三中全会以来，围绕着"财政是国家治理的基础和重要支柱"这一理念，新一轮呼唤理论创新的客观需要正在生成，构建现代财政制度成为各项改革的"排头兵"。2014年6月，中央政治局会议审议通过了《深化财税体制改革总体方案》，这是中央较早制订的具有重要意义的一个改革方案，充分体现了中央对财税改革和财政工作的高度重视和殷切期盼。改进预算管理制度、完善税收制度、建立事权和支出责任相适应的制度是财政制度改革的三大任务。随着新《预算法》的颁布实施，公开透明的预算制度、跨年度预算控制模式、地方政府债务管理以及转移支付制度等现代预算制度正在"蹄疾步稳"地建立完善。然而，关于事权边界、税权划分等体制改革却举步维艰，发挥市场在资源配置中的决定性作用有待进一步落实。党的十八届三中全会通过的《中共中央关于全面深化改革若干重大问题的决定》指出，要"建立事权和支出责任相适应的制度"。这一制度的提出直接催生对分税制进一步研究的需要，即在合理界定事权的基础上，按照事权与支出责任相适应的要求，进一步理顺各级政府之间的财政分配关系，以期调动各级政府的积极性。按照《深化财税体制改革总体方案》的要求，政府间财政关系的改革思路是：在调整中央和地方政府间财政关系和保持中央和地方收入格局大体稳定的前提下，进一步理顺中央和地方收入划分，合理划分政府间事权和支出责任，促进权利和责任、办事和花钱相统一，建立事权和支出责任相适应的制度。2016年8月16日，国务院下发了《关于推进中央与地方财政事权和支出责任划分改革的指导意见》，明确提出要加快地方财政事权和支出责任划分。厘清地方政府间财力配置状况是划分市级财政事权和支出责任的必要前提，省级政府要根据市级财政事权划分、财政体制及基层政府财力状况，合理确定市级各级政府的支出责任。

从地方财政收入来看，一方面，2014年，国务院公布了《关于2014年深化经济体制改革重点任务的意见》指出："要规范政府举债融资制度，对地方政府债务实行限额控制，分类纳入预算管理，国家也将进一步规范和清理地方政府债务"。另一方面，2015年5月1日，营业税正式退出了历史的舞台，原营业税征税范畴全部转划转为增值税的征税范畴。从外部环境来看，当前全球政治经济形势比较复杂，中美贸易摩擦、英国脱欧、大宗商品价格暴跌及人民币汇率持续低迷；从内部因素来看，中国的出口贸易额持续下降，金融风险加大，房地产库存量增加，钢铁等产能过剩，金融杠杆增加，政府债务加剧膨胀等系列问题所带来的大宗商品进口价格下跌、工业生产放缓使得促进区域经济增长的最优财政分权成为各国在经济发展与政府构建中普遍关注的问题。

在经济增长速度和财政收入增长速度双放缓的时节点，在"营改增"全面完成及地方债务控制、土地财政收入下降、地方财政收入下降，地方主体税种缺失的背景下，地方财政体制改革正成为当前迫需进行改革的一个重要问题，如何完善地方财政分权制度是未来国家及各省级政府所面临的重要问题。中国式特色下的市级财政能否持续有效地激励经济增长，使得地方政府在区域间加强统筹协作，更好地发挥"国家治理的基础和重要支柱"作用，是促进区域经济增长的关键。基于此，作为国家治理的重要手段的财政政策，促进地区经济增长和区域均衡发展的市级财政体制是我国财政体制改革中重要的一环，本书将研究的主题聚焦于省对市财政体制。

表1-1为财政部2018年公布的最新数据，从中可以看出，我国一般公共预算收入为183351.84亿元，与2017年相比增长了6.2%。在一般公共预算收入中，中央一般公共预算为85447.34亿元，与2017年相比增长了5.3%；地方本级一般公共预算收入为97905.00亿元，与2017年相比增长了7%。

表1-1　　　　　　　　2018年我国财政收入情况

项目	预算金额（亿元）	增速（%）
中国一般公共收入	183351.84	6.20
中央一般公共收入	85447.34	5.30
地方本级一般公共收入	97905.00	7.00
全国一般公共收入中的税收收入	156400.52	8.30

资料来源：中华人民共和国财政部，http://www.mof.gov.cn。

从公共财政收入与GDP增速的比较来看，全国公共财政收入在2007年达到峰值；与公共财政支出与GDP相比较，公共财政支出增速低于国内生产总值增速，如图1-1所示。进一步比较中央财政收支与地方财政收支，我们通过数据发现，中央财政收入远高于地方财政收入，中央财政支出与地方财政支出相比则较低，如图1-2所示。

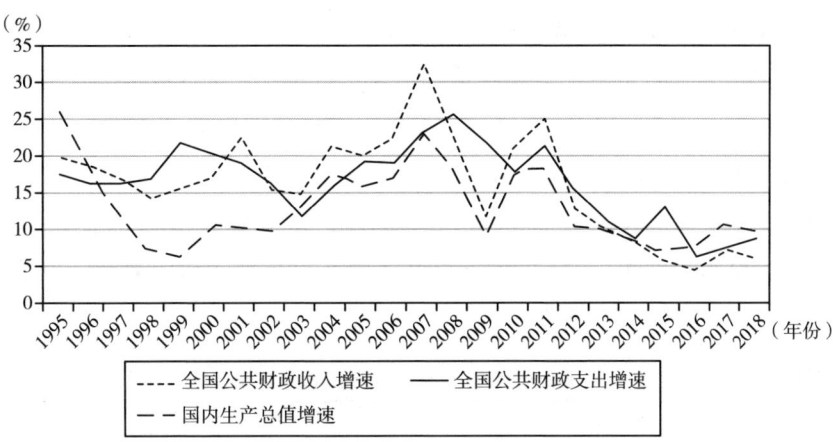

图1-1 全国公共财政收入和GDP增速

资料来源：中经网统计数据库。

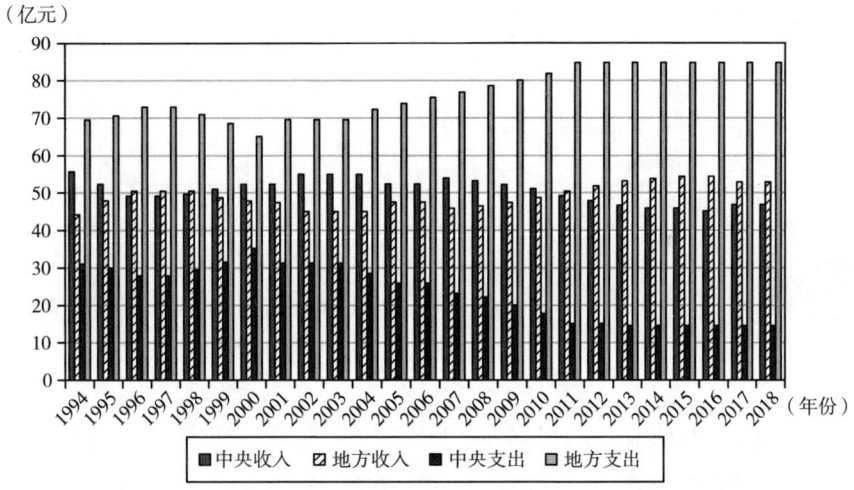

图1-2 地方公共财政收入与支出对比

资料来源：中经网统计数据库。

我国的财政管理体制框架是既包含中央对省、省对市，又涵盖了市、县及乡镇的五级财政管理体制，一套财政管理体制不可能"一竿子到底"套用在五级财政管理部门中，所以省级政府在处理市级政府间财政关系的时候，呈现出较多样化的方式，既要使辖区内的财力达到均衡，又需要平衡市级政府间支出责任、财政收入的划分以及区域间的转移支付。当前，我国省对市级政府间财政收入划分形式主要包括总额分成、税收分成（分税制）及定额分成三种财政收入划分体制；收入划分以增值税、企业所得税、个人所得税为三大主体税种在省、市、县间进行税收分成，其中，像山西等资源大省存在特殊化情况：以资源税为税收分成的主体税种，分成比例5%～75%不等（张立承，2011）。从地方财政支出情况来看，其囊括了公共品提供的所有方面（见表1-2），基本公共服务的提供由省、市、县参与完成，包含教育、卫生、医疗、社会保障、环境保护等基本民生公共品。

表1-2　　　　　　　我国政府间事权和支出责任划分框架

名称	事权和支出责任	职能分工			
	内容	政策制定	支出责任	管理执行	监督
一般公共服务	机关事业单位运转	中央、省	省、市、县	省、市、县	中央、省
国防	武警、民兵	中央、省	省	省、市、县	中央
公共安全	公检法司	中央、省	省、市、县	省、市、县	中央、省
教育	地方高校、高中及高等职业教育	中央、省	省	省	中央
	高中教育及中等职业、初级教育		市	市、县	中央、省
	学前教育		县	县	
医疗卫生	公共卫生	中央、省	中央、省	省、市、县	中央、省
	医疗服务（医院、基层卫生机构）		市、县	市、县	中央、省
社会保障	社会保险	中央、省	中央、省	省、市、县	中央、省
	社会福利、社会救济、优抚安置		中央、省	省、市、县	中央、省
	军人社会保障		中央、省		
环境保护生态建设	环境监测、污染治理、生态屏障建设、水土资源保护等	中央、省	中央、省	省、市、县	中央、省
城乡社区事务	城乡社区事务等	中央、省	市、县	市、县	中央、省
农林水事务	跨市域和县域的农业、林业、水利、扶贫等	中央、省	省	省	中央
	市域和县域内的农业、林业、水利、扶贫等		市、县	市、县	中央、省

续表

名称	事权和支出责任	职能分工			
	内容	政策制定	支出责任	管理执行	监督
交通运输	跨市域和县域的公路、水路、铁路等运输支出	中央、省	省	省	中央
	市域和县域内的公路、水路、铁路等运输支出		市、县	市、县	中央、省
科学研究	基础性、一般性科研	中央、省	省	省	中央
	科技推广和服务		市、县	市、县	中央、省
文化	文物发掘、文物保护和文化遗产	中央、省	中央、省	中央、省	中央
	地方图书馆、博物馆、科技馆	中央、省	省、市、县	省、市、县	中央、省
工业商业金融等事务	产业和企业发展、涉外发展、能源利用、物资储备等	中央、省	省、市、县	省、市、县	中央、省
物资储备	粮食、石油等战略物资储备	中央	中央、省	中央、省	中央

1.1.2 研究意义

经济发展史表明，高速的经济增长是整个经济发展过程中短暂的阶段，新常态预示着一个更为长期的阶段的到来，从这个意义上讲，维持的难度要高于推动的难度。新常态下我国经济发展面临多重风险和挑战，也面临着新的机遇。在此情境下，十八届三中全会通过了《中共中央关于全面深化改革若干重大问题的决定》（以下简称《决定》），通过《决定》，新一届政府在中国把改革的号角强劲吹响，对全面深化改革作了重要战略部署，由此开启了改革的新征程。改革力度、覆盖广度、创新程度前所未有，是一个既对过去有效继承又继往开来的，以"邓小平理论""三个代表重要思想""科学发展观"和习近平中国特色社会主义思想指引下为指导的纲领性文件。而《决定》中，财税体制改革堪为最闪耀的亮点，《决定》强调要进一步推进国家治理体系和治理能力的现代化，全面部署深化财税体制改革方案，更好地发挥财政在服务发展大局中的作用。《决定》将财政首次上升到国家治理的基础和重要支柱的高度，将科学的财税体制比作优化资源配置、维护市场统一、促进社会公平和实现国家长治久安的制度保障。在目前复杂的国际国内经济形势下，针对我国现行税收体制存在的一些突出的问题，我国的财政体制改革应在《决定》的指导下充分发挥财税政策的作用，促进经济健康有序发展。省对市级财政制度，需要有一个大的转变，如何维持地方可持续经济发展对中国地方政府是较大的考验。

1978年改革开放以来，中国步入了经济发展的新纪元，中国经济发生了翻天覆地的深刻巨变，以年均近10%的速度高速增长，经济规模在世界各国当中的排名稳居前列，堪称"中国式奇迹"。这样的巨变引起了国内外经济学家们和研究者的普遍关注，他们探究中国为何能够产生经济的奇迹？中国将如何延续"大国发展之路"。奇迹产生的原因是内部动因还是制度所然。部分学者认为"中国式奇迹"的产生不外乎两个方面，即政治激励与财政激励。学者们普遍认为有效激励经济增长的是中国式的财政分权。1994年的分税制改革，初步建立了地方税体系，税权、财权在中央政府和地方政府之间得以重新划分，厘清了中央与地方的关系，强化了中央政府的宏观调控能力，调动了地方政府的积极性，为初步建立适应我国社会主义市场经济体制要求的公共财政框架发挥了重要作用。但随着经济实践的进一步发展，现行地方税体系虽在之前的基础上对收入划分进行多次调整，但基本框架未变，地方财权与事权不匹配的现象越来越严重，影响了中央与地方政府间财政关系的长期稳定。

从理论意义来看，贾康、白景明（2005）[①]指出，地方财税体制是国家财政体制的重要组成部分和中央对地方财政体制的贯彻和延伸，改进地方财政收入状况，缓解基层财政困难，在当前具有迫切性。日前，国务院办公厅发文明确将通过加大奖补资金支持力度、完善地方财政体制、健全激励约束机制等方式，为市级财政提供更好的保障。当前，我国地方财政财权、事权矛盾日益突出，保障地方财力是当前急需解决的问题之一。就目前现有文献来看对地方财政体制的分析主要是提出相应改革思路，却并没有专门针对各省份（直辖市、

---

① 贾康，白景明.关于中国分税分级财政体制安排的基本思路[J].经济学动态，2005（2）：9－15.

自治区）的地方财政体制进行各自探讨，并进行总结和比较分析的文献。同时，对地方财政体制的具体制度分析和实证效应检验也没有得到学界足够的重视，且缺乏对不同层级的地方财政体制类型进行制度的比较及深层次的分析数据。就财政分权与经济增长的关系研究来看，很多学者围绕着中国的经济增长之谜探究，学者们主要分成两个流派：一派是以周黎安为代表的政治激励学派，另一派是财政激励学派。当前考虑这两个问题的文章都是从中央和省的角度来考量经济激励，站在省－市的角度考虑财政分权对政府行为与经济增长影响的文献鲜少。另外，实证效应检验的匮乏是无法有效分析地方财政体制的一个重要原因，这主要是因为地方财政体制的变革不可避免地影响地方政府的活动行为，也必然传导至经济活动中，对政府活动和市场经济活动反应的实证研究，能够给地方财政体制的分析提供充足的证据。

从实践意义来看，"加快改革财税体制，健全中央和地方财力与事权相匹配的体制"是党的十八届三中全会提出的要求。1994年分税制改革以来，中央与省级政府间的财政管理体制已经建立和完善，分税制改革仅仅规范了中央与省级政府的财政分配关系，作为财政体制的重要组成部分，地方财政体制并没有得到重视和解决，这与当时的经济背景条件有关。时至今日，市场经济的快速发展与其对政府活动的要求逐步提高，不规范的地方财政体制暴露出种种弊端。与中央对省财政体制不同的是，我国地区发展不一，社会特点迥异，地方政府无法依赖于中央政府对地方政府自上而下的进行财政体制构建，各地区必须根据自身经济发展的特点选择不同的地方财政体制。另外，地方政府财政出现了"财政困境"，财政收入增速放缓、"营改增"、地方债务控制、土地财政收入下降、地方主体税种缺失等导致财政收入"吃紧"。地方政府中的市、县级政府出现了由于"财政困境"导致的基础设施、教育、卫生和社会保障等公共服务的供给水平总体不足和区域间差距较大的状况。这种状况不但影响国民经济的整体运行效果，还引起了一系列社会民生问题，如房价高、看病贵、入学难等，"事权与财权不一致"等问题已经成为对这一状况解释的理论共识。因此，如何完善市级财政体制实现公共服务水平的提升、促进区域经济增长是未来中央及各省级政府所面临的一个重要的问题，对于这个问题的研究具有较强的现实意义。

第一，我国政府行政管理涵盖5个层级，且结构复杂、烦琐。当前，我国的财政分权研究主要是集中在中央与省之间的财政关系、政府行为变化以及政府与市场之间的关系。省与市级政府之间的财政关系如何？两者之间取得的财政收入如何划分？目前国内的学者鲜少聚焦于研究财政收入在政府各层级之间的分配关系。当前我国省级财政体制纷繁复杂，仅仅用财政包干制、分税制来解释省对下的税收分成是不全面的。而本书旨在进一步揭示省与市级政府间的财政关系。

第二，现行我国的财政体制基本上是"一省一制"，各省的省对市财政体制形态各异，既存在着共性又不乏"个性"，且中央政府并没有出台统一的借鉴模式。通过了解各省财政体制的变迁可以从侧面反映出各省经济发展的实际状况、政府行为方式的变化与政府激励转换。同时，省与市间的财政关系与我国区域发展、各省财政收入状况、资源禀赋与配置效率等有着密切联系。当前，大部分研究中国财政体制与经济增长的文献是从中央—省的角度来考量，而站在省与市的角度考虑财政分权对政府行为与经济增长关系影响的文献鲜少。本书在财权划分基本理论的指导下，完整系统地总结了我国31个省、直辖市、自治区的市级财政分权体制状况，撰写了市级财政分权体制的定量分析报告，为学界提供地方财政分权理论新的素材。本书实证分析了财政分权是如何对政府行为产生不同的激励，进而补充影响区域经济发展，为学界和业界提供了新的研究视角。

第三，经济新常态背景下，经济增长速度趋缓，产业结构调整，财政收入增速创新低，企业利润出现下滑。一方面，在推行"减税"的国家财政体制改革框架下，地方政府依赖"土地财政""地方借债"等模式发展经济的状况面临着方式上的转变。另一方面，随着全面建成小康社会的推进，本地居民对公共品的需求层次在逐步提高，原有的民生公共品①需求面临多样化；教育、医疗、卫生、农村医保等社会保障公共品的供给基本上被打包发到地方政府，且公共品供给的质量和效率有待提高和改进。财政的收支方面，地方税存在着主体税种缺失、税收征管效率有待提高等问题，地方政府迫切面临着如何

---

① 财政支出中，用于教育、医疗、卫生、社保、就业、环保、公共安全等民生方面的支出占到相当高的比例，占财政收入中主导地位，称为"民生财政"。

"分蘖"的问题。因此，研究省对市财政体制对政府规模、公共品有效供给、经济增长等的影响效应对省、市、县间纵向财权与事权划分具有现实意义。

第四，财政部于 2013 年 12 月发文明确要求各省完善省以下财政体制。2014 年，四川省和山东省相继出台深化本省省对市财政体制改革的文件；2017 年、2018 年，江西省、山东省对省对市级财政体制进行了相应的改革。省对市财政体制改革迫在眉睫，本书基于地方政府行为视角，研究促进经济发展的市级财政分权制度，有利于创新我国地方财政制度，为地方政府进一步改革财政体制提供决策参考。本书提出改进市级政府间财力分配及地方政府行为，促进地方经济发展的政策建议，为地方政府进一步改革本省的"省对市"财政体制提供参考依据。

第五，成熟的政府财政体制，是政府弥补市场失灵，发挥财政职能的基本保障。从分税制改革至今的财政发展历程可以看出，不清晰的财政体制导致事权不明，财权不稳，这使得地方各级政府为弥补市场失效而过度干预市场等不符合公共财政活动的产生，对我国社会主义市场经济建设造成较大阻碍。规范市级财政体制，推动市级财政体制科学化、法治化是深化分税制改革的重要表现，也是在建立社会主义市场经济体制背景下我国财政体制迈向公共财政的重要一步。对市级财政体制的理论分析必须建立在总结我国各地区市级财政体制发展的基础上，还应包含各地区财政体制的成因分析、对各级政府的影响和产生的经济效应分析等方面。因此，本书不仅有利于在经济发展实践中各地区根据市场化改革需求对市级财政体制进行调整，也在一定程度上对我国财政体制的重要组成部分——市级财政体制研究提供了相应的理论及实证证据支持。

第六，市级财政体制的实证研究鲜少。我国的财政分权研究，主要集中于中央与省之间，通过研究中央与省之间财政关系和政府行为揭示其之间的财政关系及变化。省对市级政府之间的财政关系和税收分成是如何进行的，有何特点，有什么样的影响，目前的研究没有专门涉及。我国省级财政体制纷繁复杂，不仅仅包括财政包干制、分税制，还包括总额分成、税收分成等。因此，笔者希望通过对市级政府间的财政关系理论与实证进行研究，揭示市级财政分权对"省与市"间财政关系及地方公共品提供等之间的内在联系，形成各省的省对市财政分权体制的定量描述报告。我们通过确定省对市财政体制改革的集权或者分权状况，利用面板数据进行实证检验，采用合适的工具变量评价市级财政分权对财政收支与规模以上工业企业的主营业务收入等指标的影响效应，进而对当前省对市财政体制改革提出相应的建议。

1.2 国内外文献综述

本书的研究聚焦于市级财政体制，将省对市的财政体制的安排作为研究对象，整体研究置于中央与地方分权的整体框架下。关于财政分权的研究，无论是中央政府与地方政府间的财政收入划分问题，还是地方政府对下级政府的收入划分问题，国内外研究者们普遍将研究视角放在政府间财政分权对地方政府行为的影响效应上，他们认为财政分权有助于改进中央政府对不同层级政府的激励效应，从而提高资源配置效率，并可以激励地方政府进行制度和技术创新（Oates，1995），改善公共治理水平（Shah and Qureshi，1994），减少腐败（Seabright，1996）并最终促进经济增长（Oates，1993；Lin and Liu，2000；Akai and Sakata，2002）。而在其他条件相同的情况下，没有监督的财政分权可能导致资源在某些地区集中，从而加大地方政府间的财政收入与支出差异。同时，集权化的公共部门通过将资源从相对发达的地区向相对落后地区的转移来实现资源在地理上的均等化（Prudphomme，1995）。部门学者持反对意见，他们认为，在集权化的体制下可能会忽视某些政治地位上无足轻重的地区的选民对公共产品强烈的需求，反而加剧了公共资源配置的不均等化。公共资源配置在地理上的不均等对经济增长所产生的促进或阻碍作用要取决于不均等的程度，一定限度内的不均等反而会对落后地区起到正向激励作用，有利于经济增长；但过大的差距会影响社会的稳定和经济发展的平衡。从现有的研究来看，地方政府行为方式的变化会对经济产生重要的影响。本节内容我们梳理了目前地方财政分权和省对市财政体制的文献，具体分为以下几类：

1.2.1 地方财政体制研究

财政体制指为了处理政府间财政关系，国家规定政府各层级组织应承担的职责及其相应的财权、财力所形成的制度，具体是指国民经济管理中各层级政府的职责分工和收支划分制度。财政分权制度下,收支权力转移的过程可能会促进政府间通过竞争改进效率,加强公共服务的提供(Bahl and Linn,1992;Bird and Wallich,1995),完善的制度和政策的制定能为社会经济的发展创造良好的制度环境,从而促进经济增长。同时,在资源和经济活动有限的情况下,财政竞争能够激励地方政府进行制度创新,使本地区在竞争中占据优势地位,但地方政府间的劣势竞争也可能带来零(zero-sum)甚至负和(negative-sum)的结局(Martinez-Vazquez and McNab,2002)。公共产品的外部性特征也可能导致竞争中的地方政府对该类公共产品的提供不足(Break,1967;Strumph,1997),阻碍经济增长。

1.2.1.1 地方财政体制划分

学者们普遍认为,机制设计不合理的财政分权会造成宏观经济不稳定,最终导致经济衰退。财政分权使地方政府间的财政关系变得复杂,增加了各地区政府间和上下级之间相互协调失败的风险,这种风险可能会阻碍财政改革和宏观经济调整的进行,导致宏观经济的不稳定(Prudphomme,1995;Tanzi,1998)。伊斯特利(Easterly,2000)研究了20世纪80年代后期至90年代早期阿根廷和巴西的经济危机后发现:总体上该时期两国的经济和财政政策是进步的,因此不能将责任全部归咎于分权政策,而应该是债务危机。部分学者甚至认为财政分权和宏观经济稳定之间并没有有效的联系(Mclure,1995;Sewell,1995;Spahn,1997)。

根据传统的财政联邦主义或财政分权理论,中央政府的主要职责是稳定经济和收入分配,资源配置职能需要在中央与地方政府之间进行垂直分工。因此,财政分权理论主要研究的是配置职能以及实现职能所需的财政收入如何在中央与地方之间进行划分(Birdetal,2002)①。地方性公共物品的受益范围限制在某一区域内却无法被市场内部化,区域范围内规模收益递增的自然垄断行业的存在,为地方政府职能界定提供了基本的依据。对于财政分权与各类公共物品供给之间的关系研究:萨卡(Sarkar,2000)认为,财政分权有可能通过促进经济增长增加个人和家庭的收入,降低贫困率,使辖区内居民获取更好的

---

① Richard M. Bird. The growth of government spending in Canada [J]. Oxford Journals, 1993 (5).

医疗卫生服务和教育机会。许多国家的经验研究均表明,财政分权政策极大地增加了各国对基本社会需求的支出,如教育、卫生、健康、司法等（Faguest,2000；Crook,2003）。伐格斯特（Faguest,2004）对玻利维亚1991~1996年数据的研究表明,分权改革影响了该国的人力资本和社会服务的投资模式,政府增加了对教育、卫生、水利和城市建设的支出,验证了"分权使得支出模式更集中于提供与减贫相关的各类服务上"的推断（Bird and Vaillancourt,1998；Crook,2003）。财政分权导致政府产生更多的教育支出,教育支出本身的增加并不必然形成更高的教育成果（Inchauste,2000）。

  美国著名的财政学家马丁和斯里格曼（Martin E. P. and Seligman,1986）认为税收的划分具有三个重要原则:（1）效率原则（efficiency）,即以征税效率的高低来界定中央税与地方税的划分,税收收入划分的具体归属应由税收征收效率高低来决定,所得税征税效率比较高,因此划归中央政府;（2）适应性（suitability）原则,税种划分的其中一个原则是税基范围的宽和窄,税基广阔的税种归属中央统一征收;（3）恰当原则（adequacy）,以税负是否公平作为分税标准,全国居民公平负担的税收的征税权归属中央征收,某些只涉及地区及部分居民的税种划归地方。税收负担是否公平且公平程度的多少是一项重要的划分依据。斯里格曼（Seligman,1986）提出的此项划分税种的原则对清晰明确地划分各税种和了解税收不同属性非常有益,且能够更好地发挥政府税收的杠杆作用,实现税收公平,有效提高税收的征收效率。

  美国著名经济学学者迪乌（Diu,1961）将税收收入、税种划分与经济增长联系起来,提出税种的划分应以经济整体的增长、经济利润的增加为衡量的重要标准,税收收入的归属应以是否有效促进经济发展为其重要的着眼点。加拿大学者杰克（Jack M Mintz,1987）从政治学和行政管理学等方面提出了税收划分的原则:（1）税收划分应尽量保持税收中性;（2）税制尽量简化以提高税收工作效率;（3）各级政府通过政策工具的运用尽量使税收与事权相适应;（4）各级政府的税收与事权关系应相对应;（5）尽量保持各地居民间的税负公平。欧文斯-诺雷加（Owens-Norregaard,2001）认为地方税的主体税种应该具有以下特征:（1）税基具有非流动性,且税源稳定;（2）政府应基于受益原则进行课征;（3）税源应具有地域差异性,使地方政府的税收征管行政效率更高。与此相对应,英国学者大卫(David King,1992)提出了地方政府征税应避免的几个方面,即地方政府不应征收高额累进税、税基流动性大的税种、税收容易转嫁给非本地居民的税种以及不直接为本地居民所察觉的税。威尔逊(Wilson and J.D.T,1999)阐述了美国实现彻底分税的做法,即三级政府分别以所得税、销售税和财产税作为各自的主体税种,因此,各级政府都会得到较稳定的税种收入。奥兹(Oates,1999)提出,公共税收职能应该在中央和地方政府之间进行合理的分配,并首次提出了财产税可以成为地方政府收入的主要来源。著名银行专家罗宾等(Robin Boadway,2001)在比较分析世界主要国家的财政体制后,提出了特定税种的划分原则。外国学者在研究地方财政体制相关方面时,着重分析了财政分权的基本理论以及财权划分的基本原则,这对我们研究中国的省对市财政体制改革具有提纲挈领的指导作用,但同时,外国的国情与中国的情况相比具有一定差异性,需要进一步结合中国自身的实际情况进行研究。

国外理论界和实务界对地方政府财税体制相关问题进行了较为深刻的探讨和分析,对财权划分的研究主要集中于税种归属方面,研究的内容与财政三大职能的思想基本一致。我国的学者,也针对我国目前的社会经济发展目标提出相应的地方财政体制改革的政策建议,目前,对地方财政体制的研究归纳如下:

席鹏辉、梁若冰(2014)[①]认为地方政府财权与事权不对称的问题凸显,地方财政陷入困境,财政困境迫使地方政府在分税制体制的框架内选择能谋取地方财政收入最大化的行为,从而使与西方国家类似的财政制度的实施产生背离的结果。周黎安(2004)[②]则认为,我国地方政府内部长期的激励来自是官员晋升锦标赛模式,而不是行政分权或财政分权,因此,财政分权可能会导致地方政府选择不同的政府行为。乔宝云等(2005)发现,我国财政分权促使地方公共资源转移到与教育不直接相关却有利于改善投资环境的投资项目上。傅勇(2010)进一步将公共产品分为经济性公共产品和非经济性公共产品,

---

① 席鹏辉,梁若冰.市级财政分权对县级公共产品供给水平影响研究:以福建省为例[J].现代财经(天津财经大学学报),2014,06:27-37.

② 周黎安.晋升博弈中政府官员的激励与合作——兼论我国地方保护主义和重复建设问题长期存在的原因.经济研究,2004(06):33-40.

认为财政分权不利于非经济性公共产品的提供。左翔等（2013）将土地一级市场垄断作为地方政府增加财政收入的途径，发现地方政府垄断更多的国有土地会显著增加经济性公共产品的供给，从而显著减少教育、医疗和社会保障等非经济性公共产品的供给。梁若冰（2009）指出，财政分权与土地出让制度为地方政府的土地违法行为提供了正向激励。李永刚等（2013）认为，土地财政明显降低了公共品供给质量，增加了经济性公共品的供给，减少了非经济性公共品的供给。从以上研究中可以看出，当地方政府拥有更多的财政自主权时，其会尽可能地选择有利于自身财政收入最大化的经济行为，以期解决财政收不抵支的问题，即政府行为的选择会受到财政收入短缺的影响。地方财政收入短缺不仅影响财政支出的结构和公共产品的供给水平，对财政收入的结构也有较大影响。

1.2.1.2 市级财政体制研究

随着地方财政问题不断显现，我国学者对市级财政分权体制的思考近年来不断增多，贾康、阎坤（2005）认为，短期内财政体制改革应放在缓解基层财政困难和调动地方各级合理发展经济、精简机构、增收节支的积极性上，长期来讲，则需对整个分税制财政体制进行系统化的调整与规范。赵大全、何春玲（2010）认为，西方国家三级政权结构不适合中国国情，我国市级政府应该因地制宜地实行包括分税制在内的不同财政体制。段国旭（2009）提出完善省对下财政体制，应兼顾发挥财政体制动力机制、调控机制、平衡机制的作用，努力促进地区间经济资源的合理配置与流动。孙开（2011）认为，应从各地间差异较大的省管县财政体制实施办法中提炼出"优势特色"，以县级财政为重点，整合地方财政级次，构建与县级基层政府责任相匹配的基本财力长效保障机制。

尽管大部分对市级财政体制的分析建立在规范的理论分析的基础上，但目前也出现了一些对市级财政体制的实证研究，这为我国的省对市财政体制改革提供了一些启发。席鹏辉等（2014）对福建省财政体制改革进行了研究，发现市级财政分权有利于地方政府减少非税收入，规范地方政府行为。其研究同时还发现，省财政分权有利于县级公共产品的提供，但也扩大了各县域之间的经济发展差距，不利于省级政府的宏观调控，这一观点也得到了林阳衍等（2014）的验证。可以看出，"省对市"财政体制不仅仅会影响财政收入结构，也将对财政支出结构甚至地方政府的经济行为产生实际影响,因此,以省财政体制改革为背景,研究其对市级政府收支活动的实际影响,进而发现地方政府行为与市场发展的关系,是一个可行的研究思路。

1.2.1.3 地方财政分权竞争与财政激励效应

"激励"地方政府努力推动经济建设的根源,学者们把其归为为做大"税基蛋糕"而形成的"财政激励"。财政激励理论认为,地方政府发展经济的强烈意愿来自于可支配性财政收入的增加,财政激励能有效克制地方政府对企业的"攫取之手",将资金投入基础建设,推动经济增长;相比较而言,"财政激励"遏制了政府间区域合作,引致政府的努力水平较"晋升竞标赛"(周黎安,2008)而言显得更高,财政分权框架下,政府为了最大化地实现自身利益而选择将社会福利最大限度放大(乔宝云、刘乐峥、尹训东、过深,2014)。

关于税收集权效应的讨论在学术界由来已久,学者们聚焦"税收集权",研究推动地方政府发展经济的诱因。他们普遍认为1994年的分税制改革有效地促进了经济增长,极大地增强了我国的宏观调控能力与收入再分配能力,是充分的税收集权激励经济增长的经验证据(李永友,2014)。新财政集权理论认为,地方政府的税收集权有效地激励地方政府为追求财政收入的最大化而展开蒂布特竞争(陶然,2009)。目前的文献多基于省级层面探讨税收集权对企业的影响效应,而来自地级市政府税收集权激励效应的经验证据比较匮乏。分税制改革后,71%的省级政府对其辖区内的地级市政府主体税种的"税收分成协议"进行了多次调整,调整的方向基本为"税收集权",这无疑为我们研究地方政府税收集权对工业企业发展产生的影响提供了契机。

目前,关于地方政府税收分成激励效应的研究中,谢贞发等(2016)实证检验了省级政府与地级市政府的增值税、营业税税收分成变化的差别对第二产业、第三产业的影响,以及对地方政府产生的财政激励效应。席鹏辉等(2017)使用省对市地方政府的税收分成数据对工业企业的污染展开研究,认为地方政府将尽可能确保税基的扩大,在这一过程中容易以牺牲环境质量为代价。

马斯格雷夫(Musgrave,1939)等认为,为实现公共品有效率的供给、分配的公正性和经济稳定，中央政府和地方政府之间的分权是必要且可行的，这种分权可以通过税权等财政工具在各级政府间固定下来，从而使地方政府拥有了与征税相关的一系列独立的权力，税权的划分构建了政府间纵向和横向竞争关系。关于税收的纵向竞争与横向竞争，无论是基于要素流动的蒂布特模型，还是基于信息可比性的标尺竞争模型，亦或针对不同目标的税收竞争模型，均强调同级基层政府间的横向竞争关系。政治体制和财政体制的差异性造成此认识不一使得学者对纵向体制关系的理论和实证分析存在较大分歧：奥兹（Oates，1972）强调纵向政府间关系重在协调横向竞争所产生的外部性以及地区间再分配问题；金（Keen，2002）则认为中央政府和基层政府间对税基进行争夺，力争保持本级政府财政收入最大化。目前，关于税收竞争的文献研究通过考察地区间税负的策略反应函数，考察地区间税收竞争存在的内在差异性。

中国式财政分权体制下政府间的税收竞争效应包括两部分：一是地方政府间的非合作博弈导致的横向"逐底竞争"效应；二是上下级政府在单一政体下的妥协和制度创新的动态博弈关系。学者对政府间横向税收竞争关系的辨识更多集中在分税制改革以来的省级层面，对政府间纵向财政关系的度量借鉴财政联邦主义思想，构建相关方法体系并进行实证测算。

首先，需要强调的是，中国并非典型意义上的财政分权国家，钱颖一（2005）较早提出"中国式财政分权"。受单一制政体影响，中国的财政分权与垂直政治管理体制并存，引致基层政府受政绩考核体制影响而展开"GDP竞赛"。周黎安（1999）认为，在财政分权伴随着政治集权的情况下，地方政府官员是上级任命，因此具有很强的政治晋升动力。在以GDP为政绩考核的主要因素指引下，地方政府官员的晋升主要依赖于GDP竞赛，从而导致地方官员为实现经济增速而展开税收优惠竞争等政策行为的相互模仿和攀比，以此吸引社会资本的流入。因此，政治集权体制形成地方官员"向上负责、对下管制"的治理模式和激励机制，而并未有效发挥基层政府的信息优势，从而导致公共支出结构扭曲，重建设轻服务的心态逐渐在产业结构中显现。因此，中国式财政分权对经济增长的影响路径不是单纯通过内生增长模型影响生产要素的供给而展开的，税收增长机制和对经济增长的影响路径须内置于政府间横向竞争和纵向妥协与制度创新的框架内。

其次，在单一制政体下，政治集权和财政分权决定了下级政府受命于上级政府，当政府间发生纵向税收收入竞争时，下级政府的弱势地位决定了其无法对上进行讨价还价，而是在表面妥协上级政府的同时，通过制度创新以弥补来自妥协所造成的亏损，将损失层层下移最终转嫁基层政府或民众。我国地方政府掌握的税权为非联邦制的独立税权，其缺乏独立的征税权，仅仅拥有有限的征管权，其有效的策略性工具也仅限于税收优惠政策、创新收入和提高征管效率。税权分配对经济增长具有很强的激励效应，但税权的高度统一和共享税的集中征收限制了地方政府侵蚀中央财政利益的空间，因此，在我国不会出现税基重叠下的"公地悲剧"问题。综上所述，纵向税收竞争理论在中国式财政分权体制下不成立。面对中央政府和省级政府，基层政府更多表现为依附下的制度创新。

最后，在横向税收竞争框架中，基层政府间为获得上级财力补助和吸引要素流入而产生横向空间竞争，近年来，部分学者已经意识到省级政府与市级政府的空间关联性。但是，已有研究均基于单一水平模型，假定所有样本都是独立平等的，则不存在制度差异性。实际上，各个省份均在国家财税制度框架下有自身的政策，同一省份辖区内的地级市之间（群组内）的竞争会受到省级部门的统一约束，因此，市级税收竞争在不同省份之间会比在同一省份内程度要高，不再适用单一水平的线性空间计量模型。

1.2.2 财政分权指标探讨研究

2000年以来，财政分权理论的研究有了较大的发展和转变，研究视角拓展到财政分权与区域经济发展、社会福利、制度安排、公共管理效率等更广泛的领域，学者们更加关注财政分权与社会、国家发展的紧密联系及各国政治制度、经济制度、社会经济发展阶段的差异等（吴一平，2008；Martinez-Vazquez and Ncnab, 2002）。随着国内外学者研究的深入，财政分权理论有了较为成熟的研究视角的转变，研究方向的多样化使得财政分权与社会和国家的发展有着越来越密切的联系。学者的研究内容不再仅仅是财政分权与经济增长的关系、财政分权对公共服务提供的影响，而是更加注重各国政治制度、经济制度、社会经济发展阶段的差异，研究视角甚至拓展到财政分权与区域经济发展、社福利、制度安排、公共管理效率等更广泛的领域。

关于财政分权的研究成果相当丰富，但在众多的实证结论中，不同学者得出的结论不尽相同，有些甚至是相互对立的。造成这种结果的原因是多方面的，但其中很重要的一个原因是出于对财政分权的认识不同，出于具体的国情以及数据提取的考虑，不同研究者采取的衡量财政分权程度的指标不同。作为分析财政分权的实证研究中的核心变量，财政分权度指标的选取关乎最终研究结果的实际意义。传统的财政联邦主义理论，一般采用州联邦收入或支出占全部财政收入或支出的比重来衡量一国的财政分权程度。但是，这里面包含政府间转移支付的影响，所以在这种方法下，要将分子分母中相对应的转移支付份额同时剔除，这种方法由于在数据的获取上比较容易而被大多数文献应用（Zhang and Zou，1998）。但是这种直接通过简单的财政收支比重核算出的分权度是有局限性的（Oates，1972），按照这种方法推断，若地方政府财政的收入或支出增加，则其财政分权度就越高，但实际中并非如此，一个地区的财政收入或支出规模会受到人口规模和经济发展水平等众多因素的影响，不能简单地将财政分权度与地方财政收入或支出水平画上等号。且这种只考虑收入或支出总额的方法较为笼统，没有考虑地方政府在财政收入和支出方面受中央政府的影响因素和地方自主控制的项目因素，因此，并不能衡量地方政府的财政自主权程度。

还有部分学者引入了一些非财政指标的核算方法。如地方政府雇用人数与整个政府雇用人数之比（Zimmmermann，1973；Bahl，1999），地方政府的层级数（Arikan，2004），地方司法管辖区内的人口数量（Oates，1985），享受财政工资的政府雇员与当地财政收入之比（Zhang，1996）。莫汉娜和杰弗茨（Mohannad and J. Vernon，2005）还引用了一个独裁政治和民主政治的分权指数。但是，用这些方法衡量财政分权度的合理性还有待讨论，并且由于不同国家之间的国情不同，这样的指标不利于进行国际比较。

近年来，国内外的一些学者在研究财政分权问题时，在财政分权度衡量指标的设计上对以上方法进行了一些改进和创新。为了消除人口和地区规模的影响，不少学者采取了人均财政指标，用省级人均财政支出占全国人均财政支出的比值来衡量财政分权（胡书东，2001；乔宝云，2002；殷德生2004；周业安，章泉，2008）。考虑到中国预算外资金和制度外收入的影响，不少学者选择使用预算内人均指标，用各省预算内人均财政支出和中央预算内人均财政支出的比值来衡量财政分权度（傅勇，张晏，2007；傅勇，2010）；一些学者在设计比值时将预算内收入和预算内支出两者取数值大者并与相应的预算外收支数据糅合，再除以全国预算内外总支出（刘金涛等，2007）。此外，还有一些学者选择用财政分成率来衡量财政分权程度：马（Ma，1997）用省级政府在预算收入中保留的平均份额来代表财政分权度，温加斯特（Weingast，1999）以地方分成比例作为中国财政分权的衡量标准，该方法虽有亮点，但需考虑在统收统支的财政体制下，中国省一级政府的任何开支都必须获得中央的批准，并不存在真正意义上的分权。马（Ma，1997）的方法使用的是平均分成率而非边际分成率，但影响省和市级各级政府行为的却正是边际分成率（殷德生，2004）。林毅夫、刘志强（2000）用省级政府在本省预算收入中的边际分成率来衡量财政分权，该研究方法是一个重要的创新，但是影响财政分权的因素有很多，中央政府可以通过很多不同的途径来影响地方政府的财政政策和行为，比如中央政府可以通过允许地方成立经济特区，批准投资项目等，而这些因素难以在模型中得以体现和检验。

在上述的几种指标设计方法中，并没有一种方法是完善的，除了数据获取上的限制之外，最重要的原因还是财政分权本身就是一个复杂而系统的工程。但是，我们若回归到财政分权的核心本身，财政分权就是地方政府拥有一定的收入和支出的自主权，那么衡量分权度的指标可以从收入和支出两个方面进行，而选用收入还是支出作为分权度衡量标尺，又要根据不同的研究目的和研究对象的情况来进行考虑。研究国家的财政分权趋势及不同国别和地区的分权水平比较，应首选财政收入类指标，而研究财政分权的效果，如其对经济增长、公共物品供给、政府治理水平等的影响时，则应选择财政支出类指标。但是财政分权并不是一个单一维度的范畴，除了财政收支的划分之外，税收权的划分也是政府间财政关系最重要的体现，同时，因为财政分权在一定程度上反映了整个社会的价值体系，其中包含了民主和公平的含义，正如林肯所说，是"民有、民治、民享"的，所以对财政分权的分析不应该仅仅局限在定量研究上，也应该考虑定性评估，比如地方官员的选举、财政预算的执行等。总之，在对财政分权度指标进行设计时一定要结合本身的研究目的、研究对象和研究背景综合考虑，必要时可以采取多个指标，从不同的角度和侧面反映财政分权的状况。

1.2.3 财政分权与公共品供给研究

按照传统的财政联邦主义或财政分权理论，中央政府的主要职责是稳定经济和收入分配，资源配置职能则需要在中央与地方政府之间进行垂直分工。因此，财政分权理论主要研究的是配置职能以及实现职能所需的财政收入如何在中央与地方之间进行划分。乔宝云等（2005）以小学义务教育为切入点，重新验证了地区间财政竞争对社会福利的影响结果及其影响机制，指出中国的财政分权引起地方政府间财政竞争，导致了地方政府教育经费投入的不足。在财政资源有限的约束条件下，地方政府为了吸引投资、发展地方经济，把资源用于与此有关的基础建设等领域，从而造成对教育经费的挤占。平新乔、白洁（2006）[1]考察了财政分权背景下的财政激励对地方公共品的供给满足当地真实需要的敏感度的影响，发现财政分权背景下的财政激励不仅显著地改变了公共品供给的结构，而且改变了公共支出的"偏差"。傅勇（2010）研究了分权背景下的财政体制和政府治理对非经济性公共物品供给的影响，发现财政分权显著且客观地降低了基础教育的质量，也减少了城市公用设施的供给。此外，除了教育和公共卫生之外，环境作为具有强正外部性的公共物品，也因为分权体制下产生的"搭便车"行为而受到威胁（罗伟卿，2010）。王永钦，张晏等（2007）认为，地方政府通过市场化和私有化来推卸政府责任，以及过分强调增长的地方官员考核制度都是造成公共服务提供低效率的原因。在中国 M 型经济结构下，分权体制导致地方政府只关心本地区的 GDP 增长速度，而长期忽视教育、科技、医疗卫生、社会保障等公共产品的提供，造成了地方政府公共支出结构"重基本建设、轻人力资本投资和公共服务"（傅勇，张晏，2007）。许多学者也将财政分权与公共产品的供给联系在一起，如平新乔、白洁（2006）发现，财政分权背景下的财政激励显著改变了公共产品供给的结构；邓可斌、丁菊红（2009）[2]得出财政分权对基础设施等"硬"公共品供给有明显加速作用，

---

[1] 平新乔，白洁. 中国财政分权与地方公共品的供给 [J]. 财贸经济，2006，02：49－55＋97.
[2] 丁菊红，邓可斌. 政府偏好、公共品供给与转型中的财政分权 [J]. 经济研究，2008，07：78－89.

对医疗、教育、卫生等"软"公共产品供给具有抑制作用；陈硕（2010）利用省级面板数据发现较高的公共产品供给与较高程度的财政分权相关联。

1.2.4 财政分权与经济增长研究

财政政策作为国家宏观调控的重要手段，对宏观经济的稳定和增长有着十分重要的影响。对财政分权的经济效果进行研究的文献中，基于财政分权与经济增长之间关系的探讨一直是最多的，其中，少数学者也讨论过财政分权对经济稳定的影响。但是，尽管各国学者不断地修正假设和数据，改进研究方法，财政分权和经济增长之间的关系仍然缺乏一个正式的理论框架，因而使得研究者无法建立有匹配的模型，经验分析也无法提供确定性的结论。

部分学者认为财政分权与经济增长呈正向相关。伊尔马兹（Yilmaz，2000）对17个单一制国家和13个联邦制国家1971~1990年的财政支出指标进行了规划分析，他认为，相对于联邦制国家，单一制国家地方政府的支出分权对人均GDP增长的促进作用更为明显。林和刘（Lin and Liu，2000）选取1970~1993年中国省级面板数据，使用生产函数回归分析表明财政分权对经济增长有正向作用，而农村改革、非国有部门的发展以及资本积累也成为推动中国经济迅速增长的关键因素。

乔宝云（2002）基于中国28个省、直辖市、自治区1985~1998年的数据进行实证研究，证明财政分权导致了经济增长，但这种促进作用以合适的财政分权度为前提，同时研究表明财政分权意味着对财政资源分配均等的牺牲，政府要在公平和效率之间进行取舍。张晏和龚六堂（2004）对中国28个省1986~2002年的数据进行量化研究，得出分税制改革后财政分权对经济增长的促进效果较为明显，但存在跨时差异和地区差异。钱颖一和温格斯特（Qian and Weingast，2005）以中国29个省1982~1992年的财政支出指标为研究数据进行实证分析，进一步得出在10%的显著性水平下，财政分权与经济增长呈现正相关，中国省级政府的财政激励促进了市场发展。刘金涛、杨君和曲晓飞（2007）对我国1985~2000年的财政分权对经济增长的数据进行了非线性关系检验，表明1994年分税制改革后，财政分权对经济增长有显著的正向激励作用，中国的财政分权应该朝着更加完备的方向发展。周业安和章泉（2008）

利用1986~2004年中国省级面板数据，对财政分权和经济增长、经济波动之间关系进行了检验，结果表明，从整个时间跨度来看，财政分权确实促进了经济增长，但在不同时间段内其影响有所差异，具体表现在：在1994年前财政分权对经济增长并无促进作用，而1994年后对经济增长的促进作用十分显著，同时发现，财政分权是导致经济波动的重要原因。

也有学者的研究结果显示：财政分权与经济增长呈负相关，或者认为财政分权与经济增长之间的关系并不是确定的，甚至会导致宏观经济的不稳定。王绍光（1997）指出，过度财政分权给宏观经济带来了不稳定性。陈抗、希尔曼（L. Hillman，2002）、顾清扬（2002）通过构建一个中央与地方博弈的模型，同时采用省级数据来说明在20世纪90年代中期，伴随分税制而来的财政分权加剧了地方政府从"援助之手"到"攫取之手"的行为转变，而预算收入和经济增长速度也会因为地方政府的低效率下降。汤玉刚（2011）等将政府间税收竞争置于一个横向与纵向相互交结的财政框架下，从收入分权角度来看，横向竞争导致了分权后果，他认为应考虑地方政府间存在着横向竞争；纵向竞争被认为是能揭示政府间税收分权本质特征的更有力解释，也为更好理解1994年分税制改革以来税收增长超GDP增长水平提供一个全新的视角。作为一种制度性安排，财政分权是影响长期经济增长率的内生机制，传统的财政联邦主义理论对于税收如何在不同级次的政府间分派的基本观点是：地方政府应注重对管辖区内流动性较弱的经济单位和要素征税，而把对流动性较强的经济单位和要素的征税权力交给上级政府。在蒂布特模型中，税收被看作是消费公共品的价格，因此，税种的设置要考虑居民的流动性。内生经济增长模型证实了财政分权有助于提升经济长期增长率，从制度变迁的角度考察了财政分权与经济增长之间的关系。基于内生经济增长模型，税收影响经济增长的路径主要是通过税负影响劳动和资本的供给，从而影响经济增长。地方政府与中央政府的财政资源分配关系中存在"攫取之手"与"援助之手"两种形式，税收竞争影响地区实际税负，进而对公共服务质量和结构产生影响，从而影响其区位决策。对于中国而言，财政分权为地方政府发展经济提供了强有力的激励，政府之间的财政竞争推动了中国经济高速增长。综上所述，财政分权影响经济增长的机制主要分为两种：一种是地方政府比中央政府更具有信息优势，从而促进资源合理配置和公共服务的供给，实现区域经济增长；另一种是财政分权有助于地方政府为吸引流动性要素而运用政策手段展开财政竞争。

1.2.5 研究动态评述

通过对研究财政分权的文献进行梳理，我们得到以下结论：第一，财政分权是一个复杂的问题，需要运用多种方法，进行多层面的考量。从研究方法看，以往的研究既有规范分析，也有实证分析；从研究视角上看，文献呈现历史和现实相结合，国际经验和具体国情相结合等主要特点。既有的研究不仅涉及宏观经济稳定等经济领域，也关乎政治体制和法律制度设计等政治、法律问题。这也从另一个侧面说明，财政问题不仅是一个经济问题，也是一个政治问题、管理问题，因此对其的研究必须拓宽视角，不能拘泥于只对财政体制本身的研究；第二，需要构建一个能够解释、分析中国财政分权问题的理论框架。一方面，目前一些学者在研究中国财政分权问题时，往往直接照搬西方财政分权理论对中国政府的财政运行进行分析，缺乏对中国特殊国情的深入考量。传统的西方财政分权理论是建立在发达国家的基础上，其建立在具备一些关键性的前提条件之下，如成熟的代议制民主体制等，而这些前提条件在中国并不具备，因此，正如巴尔（Bahl）所言，中国财政分权所获得的"好处"不能用传统的财政分权优势所解释（Bahl，2003）。另一方面，也有部分文献在立足中国国情的基础上，对现行财政分权制度安排的弊端进行了中肯的分析，提出了具有可操作性的政策建议，但由于缺乏宏观层面的理论指导，这些政策建议只能是局限于财权或事权划分等方面的零敲碎打式的制度创新，尚未有能够指导中国财政分权制度建设进程的系统化的理论出现，这一点也许正是下一步研究中国财政分权问题的关键所在。

作为世界上最大的发展中国家，中国实行政府间财政分权具有一定的合理性。中国的地方管辖区域大，区域差异显著，不同地区的公众对公共品结构的需求也不尽相同，需要有差异化的公共品提供，因此，给地方更多的自主权能激发地方活力。中国财政分权改革历程虽然较短，但已经由高度集中、统收统支的财政管理体制转变为分级财政管理体制，取得了巨大进步。但是，由于当前各级政府间职能尚未理顺，加之目前民主决策机制尚不完善，财政"缺位"、"越位"和"错位"的现象普遍，财政分权尚未制度化、长期化、科学化，由此导致了各级政府对事权的相互推诿和由此而来产生的矛盾在基层的积累、政府行为的机会主义倾向、市场的分割和地方政府预算的软化等等，财政分权在提高公共产品配置效率出的同时，也带来了一些不利结果。然而，应当通过集权与分权格局的合理设定，使财政体制的运行做到和谐、有效，并在考虑本国的经济基础和制度环境的基础上，规范财政分权和寻找最优的分权水平。

从目前的研究来看，对"省对市"财政体制的制度分析和实证效应检验的研究并没有得到学者们足够的重视。具体来看，目前学者们对"省对市"财政体制的分析主要是提出相应改革思路，却并没有专门针对各省份的"省对市"财政体制进行各自探讨，并进行总结和分析。1994年的分税制改革仅仅规范了中央与省级政府的财政分配关系，作为财政体制的重要组成部分，"省对市"财政体制并没有得到各级部门的重视，这与当时的经济背景条件有关。时至今日，市场经济的快速发展与其对政府活动的要求逐步暴露出不规范的"省对市"财政体制的种种弊端，与中央对省财政体制不同的是，我国地区发展不一，社会特点迥异，我们无法依赖于中央政府对地方政府自上而下的制度构建省对市财政体制，各地区必须根据自身发展的经济特点选择不同的省对市财政体制。然而，目前理论界缺乏对不同的省对市财政体制进行制度上的有效分析，其中，实证效应检验的匮乏是无法有效分析"省对市"财政体制的一个重要原因，这主要因为"省对市"财政体制的变革将不可避免地影响地方政府的行为，传导至经济活动中，反应政府活动和市场经济活动变化的实证研究能够给省对市财政体制的分析提供充足的证据支持。我们归纳文献研究现状如下：（1）定性角度研究省对市财政分权体制文献较多，学界缺乏系统完整的省对市财政分权体制的定量研究；（2）国内学者开展的实证研究文献中，少有遵循"财政分权—政府行为（中间变量）—经济增长"这一研究路径展开研究；（3）财政分权与经济增长的实证研究中，对财政分权与经济发展之间内生性联系的学理分析的文献较少。以上问题的研究和解决对于进一步完善我国地方财政体制，推进我国区域经济持续和均衡发展有重要的意义。

1.3 研究思路和研究方法

1.3.1 研究思路

本书梳理了各省"省对市"财政体制及当前市级政府的财政状况，总结归纳各省区市较为可行的、具有代表性的财政制度；调查搜集了省对市各级财政近年来税收分成、上解等财政收支活动数据，通过理论建模及实证研究对各级政府的财政收支活动、经济发展状况进行评判；根据各地区经济发展的实际情况，提出适合区域经济发展的政策建议。结合我国经济新常态下的新变化及财税改革的社会背景，比较分析各地区"省对市"财政分权体制，探究深化各地区省级以下财政体制改革模式，针对性地提出政策建议及解决方案。利用省对市财政体制的集权或分权变量作为地方财政收支结构变化的工具变量，观察其对地方经济发展的影响，为优化我国区域经济发展和政府间财政关系提供借鉴。

1.3.2 研究方法

在本书的研究中，使用理论与实践相结合、定性分析与定量分析相结合、实证分析与规范分析相结合的多种方法，重点主要采用以下方法：

一是文献整理与分析方法。在研究中，通过对文献搜索和整理，充分吸收了前人已有的研究成果，保证本书研究的前沿性、前瞻性。基于本主题，国内外学者已开展了大量的研究工作，成果丰硕，为本书深入研究创造了良好的条件，拓宽了笔者的研究思路，为后续创造性开展研究奠定基础。

二是实际调查研究方法。现代税收制度的构建，必须密切结合本国的政治体制、行政管理体制以及社会经济发展的实际情况。我们通过实际调查研究，收集了一手资料，总结了现行我国"省对市"财政管理体制中存在的缺陷与不足，归纳了构建与市场经济相吻合的现代"省对市"财税管理体制制过程中需要解决的突出问题，增强了本书研究的针对性、政策建议的可行性、设计方案的科学性。

三是整群抽样法和分层抽样法。分层抽样法是将调查的市场母体分成具有不同特征的次母体，这些母体一般叫做层，再从各层中随机抽取样本，而整群抽样是依据总体特征将其按照一定标志分成若干个不同的群，对抽中的群中的单位进行调查的方法,本书运用整群抽样和分层抽样两类调查分析方法,研究了省对市财政体制对财政收支活动的影响效应。

四是访谈调研法。是指访问者与被访问者直接进行交流的定性研究方法,与受访者探讨、思辨某一问题。本书作者走访了重点分析地区的省、市级财政管理部门,了解当地财政收支情况,与相关部门的负责人进行访谈,掌握一手数据。

1.4 研究结构和体系

1.4.1 技术路线图

本书研究的技术路线如图1-3所示。

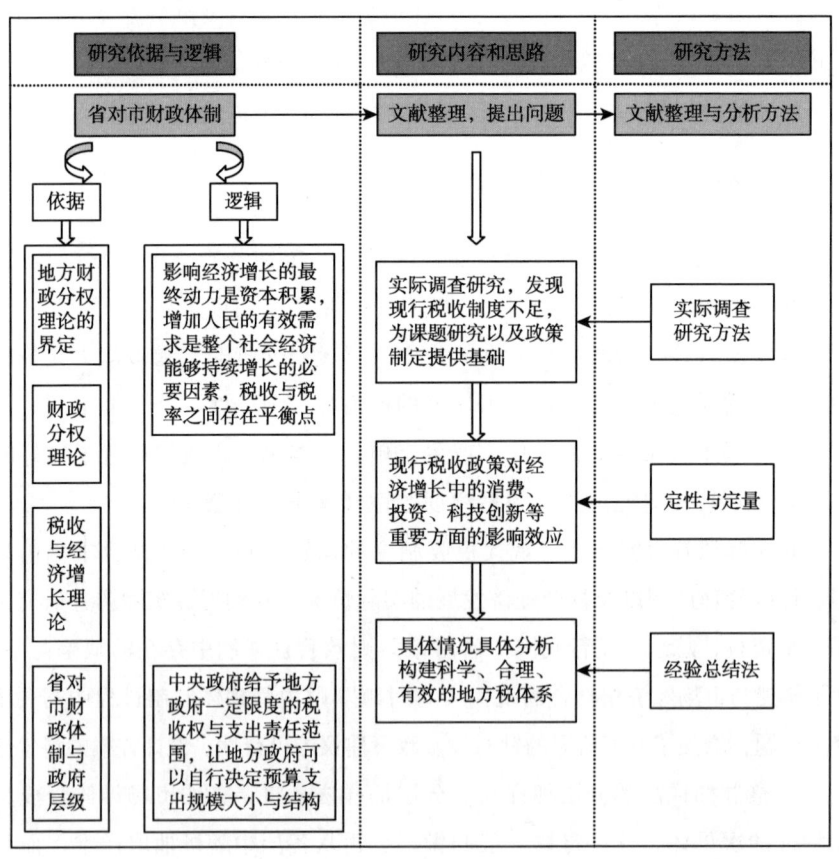

图1-3 本书研究的技术路线

1.4.2 分析框架

本书的总体框架结构如下：笔者选择了全国31个省、直辖市、自治区的333个地级市的财力收支分配数据为研究对象，运用财政分权理论，构建省、市纵向财政分权模型，从理论上研究省对市政府间的最优分权问题。本书选取了广东、江西、广西等典型省份作为东、中、西部代表省份。笔者走访财政、税务、发改委等部门，以调查问卷的形式进行访谈，获取了当地"省对市"财政分权促进经济发展的一手数据，研究区域间"省对市"财政分权的异质性及突出问题。我们借鉴美国、英国、日本等发达国家财政分权经验，与中国目前的"省对市"政府间财政分权模式进行比较分析，提出合理化的借鉴建议。在此基础上，采用省级政府对市级政府的税收分成作为财政分权指标，创建面板数据，实证分析省对市政府间财政分权对地方政府行为的影响，进而影响区域经济发展的效应，并提出财政分权体制改革的政策建议。

（1）引言。通过分析当前我国经济和改革总体趋势，当前地方财政体制改革面临的经济新常态、土地财政收入下降、地方债等一系列问题。本书论述了在当前我国宏观经济背景下省以下财政体制中省级政府与市级政府间的收入分成制度，深入剖析当前研究"省对市"财政体制改革所具有的现实意义和理论意义。明确本书的研究背景、研究目标、研究意义和研究方法，介绍了本书的研究框架、总体思路、创新和不足。

（2）国内外财政分权理论及文献研究梳理。本书梳理了国内外专家、学者在省对市财政体制研究领域的基础理论、学术史、理论前沿等文献，通过对文献进行综述，确立本书的研究脉络，总结国内外学者的研究内容、方法、角度和研究动态，界定相关核心概念，明确省对市财政分权对政府行为与经济发展影响的理论依据与实践意义。

（3）我国各省省对市财政分权的现状分析，即我国省对市财政分权体制的现状及特点。笔者梳理了各省、自治区、直辖市1994年以来的财政分权状况，按照集权、分权程度、地区经济发展水平等指标，对各地区进行分类，归纳总结了当前我国各省、自治区、直辖市财政分权状况和特点，具体分析了省级政府对市政府事权和财权划分的基本情况和财政运行机制。总结了美国、英国和日本的省（州）以下财政体制，收集了东、中、西部代表性省份——广西省、福建省、江西省的省对市财政体制数据，总结区域间省以下财政体制的特点，比较区域间省以下财政体制的差异。根据现在我国各省、直辖市、自治区财政分权状况与特点，详细分析了省以下政府划分事权和财权的基本状况与财政运行机制，总结出值得借鉴的发达国家及区域的经验作法。

（4）实证分析省对市政府间财政分权体制改革的影响效应。本书实证检验了现行市级政府财政分权体制和对政府财政活动运行的作用，从而进一步分析其如何影响区域经济发展。回归方程为：

$$\Delta x_{it} = \gamma_1 \times z_{it} + X\beta + \eta_{it} \qquad (1-1)$$

$$\Delta y_{it} = \gamma_2 \times \Delta \hat{x}_{it} + X\beta + \mu_{it} \qquad (1-2)$$

$$\Delta y_{it} = \gamma_3 \times z_{it} + X\beta + \nu_{it} \qquad (1-3)$$

式中，z_{it}代表的是某个地区的分权或集权，$z_{it}=1$代表的是省以下财政体制实施集权模式，$z_{it}=0$代表的是分权模式，x_{it}代表的是财政收支架构，y_{it}表示各地区的经济类指标。通过假定集权和分权的突发事件作为准自然实验，对地方政府行为和地区经济发展进行分析。

（5）深化我国地方财政分权体制改革的制度保障与对策建议。①政策建议部分：根据前述章节的研究，结合经济新常态背景下的新要求及地方财政体制改革方面的成效，针对当前地方财政体制存在的突出问题，设计规范化和法治化的"省对市"财政体制。②制度保障部分：完善地方财政分权体制，从行政管理、经济政策（价格杠杆、利率、税收）以及法律途径的引导方式等多方面重塑省对市政府间的财政关系；并从政府职能、组织协同、立法规范、市场健全、收益分配、配套政策制度等方面创新地方财政分权制度。

1.5 创新、研究价值及不足

1.5.1 创新之处

第一，数据收集及分权指标创立方面的创新。我们收集和梳理了我国各省的"省对市"财政分权体制改革研究的文献及相关数据资料。各省财政分权改革的文件时间跨度大、零散、缺乏统一的文件和资料，给搜集、梳理、归纳和总结我国各地区省对市财政分权体制带来了一定困难。本书收集了2004～2013年的省对市税收分成的数据，建立了相关数据模型与指标体系是本书的创新之一。

第二，学术思想方面的特色和创新。本书将地方财政分权中政府行为与区域经济增长机制联合起来，较系统地构建新形势、新特点下的财政分权影响机制，试图探寻财政分权激励政府行为产生变化的根源，研究其对经济增长的深刻影响。本书遵循"财政体制—政府行为—经济增长"这一脉络展开研究，有利于发现我国政府行为对经济增长产生的影响效应，据此对现行省对市财政分权体制提出政策建议。

第三，学术观点的特色和创新。本书归纳总结了全国各地区省对市财政体制，系统比较各省对市财政体制的形成和发展及改革历程，理论分析当前省对市财政体制改革的方向及具体内容。补充了以前只研究局部地区财政分权或省一级财政分权，忽略区域差异及引导机制作用等研究，完善了已有学术观点。

1.5.2　本书的不足之处

在撰写的过程中，我们感到，本书还有待进一步改进与完善的空间。因写作水平及其他因素的局限，部分问题不能够一一详尽。

基于省对市财政体制的研究，我们发现，很多相关数据如非税收入、转移支付等数据缺乏完整性和统一性，给全面分析省对市财政分权对政府行为及经济增长因素等的影响效应研究带来了一定困难。

省对市财政体制不仅包含税收分成，还包含了非税收入等其他收入分成，如果能将这些分成数据收集到，可以更好地强化目前使用的税收分成以代替财政分权指标，更好地诠释其对各方影响的效应。

1.6　本章小结

本章在我国经济新常态背景下，通过对财政体制改革的社会背景进行分析，总结了全书的研究背景与研究意义，同时，收集和整理了国内外相关文献，明确了本书的研究思路和研究方法，确定了研究结构和研究体系，同时分析了本书的创新点与存在的不足，为本书后续章节的研究奠定了基础。

第 2 章

省对市财政体制的理论分析

2.1 财政分权理论的界定

2.1.1 地方财政与转移支付基本理论

2.1.1.1 地方公共产品及供给理论

按照受益范围的不同,可以将公共产品分为全国性公共产品和地方性公共产品。因对绝大多数公共产品和服务来说,他们都有其特定的受益区域,一定区域内的公共产品和服务通常由地方政府提供,地方政府的基本职能主要体现在三个方面:一是地方性公共产品的提供者是各级地方政府,而不应为中央政府;二是受益范围基本上被限定在某一个区域范围之内,且这种受益在本区域内散布得比较均匀;三是这类公共产品的受益者主要是本辖区内的居民。在各级政府当中,中央政府应该承担起提供全国性公共产品的责任,但并不能包揽其他层次的公共产品的提供。否则,便容易产生效率低下等问题。

地方性公共产品也有"纯"与"准"地方性公共产品之分,而且准公共产品在地方政府提供的整个公共产品量中所占的比重并不算小。以"气象预报"和"社会治安"这两种公共产品为例,"气象预报"提供给当地居民的利益具有非竞争性,每位居民从当地气象预报中所获得的利益并不会因为其他地区的居民的大量移入而相应的减少或受损,所以,这种"气象预报"是一种较为典型的纯公共产品。相比较之下,地方性公共治安的情况则完全不同。如果更多的居民移入本地，则势必产生诸多治安问题，造成警方警力分散，于是，原有公安系统对当地原有居民所产生的利益便会减少。上述分析表明，区分和判断"纯"与"准"地方性公共产品，关键是看这种公共产品的消费是否会因居民的人数增加而产生拥挤。关于如何同时确定准公共性产品的最佳人口数量问题，我们可以通过图2-1来表示。

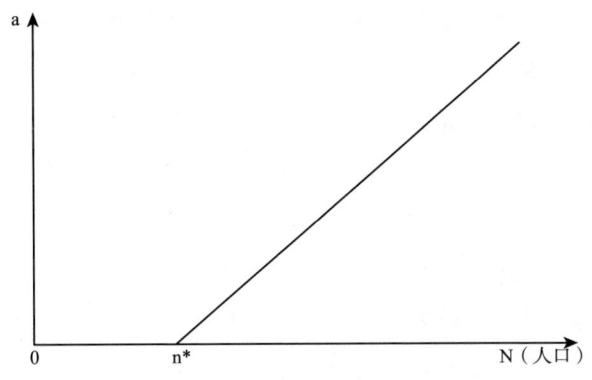

图2-1 人口数量与准公共产品的提供

在图2-1中，当人口达到N之后，拥挤参数a即随之增加。针对某一个地区内消费准公共产品的最佳人数的确定，可以借用图2-2进行分析。图2-2中X轴表示地区居民人数，Y轴则表示每位居民消费准公共产品Q所得到的收益或成本。曲线PB表示随着居民总人数的增加，每位居民的受益变动情况。PC则代表因居民人数增加每位居民所分担成本的变动。不难看出，当曲线PB上某一点（M）与曲线PC上的点（N）之间的垂直距离最远时，每位居民从公

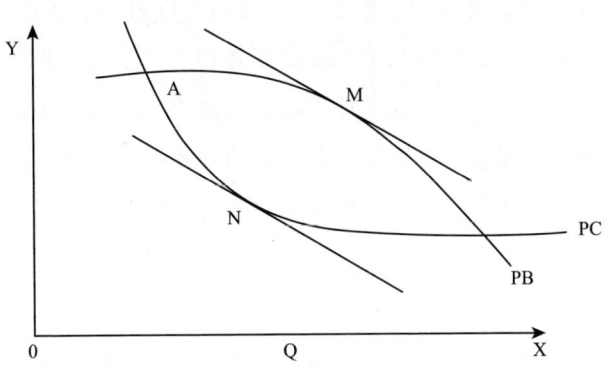

图2-2 享用准地方公共产品的最佳人数的确定

共产品中所获得的净效益最大;相应的,该区域内消费准公共产品 Q 的最佳人数应该为 A。

2.1.1.2 地方公共产品的均衡分析

相对于全国公共性产品而言,地方公共产品是由各级地方政府分别提供的,并且可以为本区域内每位成员所享用。地方性公共产品的特征表现为两个方面:其一是受益范围基本上被限定在本区域之内,并且这种受益在本区域内散布得相当均匀;其二是其外部性要多于全国性公共产品。第二个特征的存在,从很大程度上讲,一是由于一个国家的各个地区之间有着密不可分的经济、政治和社会文化联系,区域间人口迁移和流动经常发生(其中短期性的人口流动尤为频繁);二是行政区域之间的界限并非依照公共产品受益范围来划分和规定,而是历史形成的。因而,较之全国性公共产品而言,地方公共产品的外部性问题也就在所难免。从这个意义上讲,本地区提供的区域性公共产品的边际社会收益之和就很难等同于其边际社会成本,而只能是边际社会收益约等于边际社会成本,即:

$$边际社会收益 \approx 边际社会成本 \qquad (2-1)$$

效率原则本来要求式(2-1)中的边际社会收益等同于边际社会成本。出现"约等于"状况的原因,在于本地区提供的地方性公共产品的边际社会收益的一小部分(确切地说是很小的一部分)外溢至临近的其他地区,从而造成了该公共产品边际社会收益与边际社会成本在本地区内的某种不均衡。因此,在式(2-1)中,通常地方性公共产品的边际社会收益是略小于边际社会成本的。实际上,在正常情况下,既没有必要而且也很难消除地方性公共产品为本地区带来的收益外溢。如果把本地区每位成员的边际社会收益之和同外部性结合起来的话,那么,地方性公共产品的边际社会收益与相对应的边际社会成本相等。可见,外部性是衡量地方性公共产品收益与边际社会成本关系的一个重要因素。

2.1.1.3 地方公共产品的有效提供

关于地方公共产品的有效提供问题,与这种公共产品提供主体的选择有着密切的关系。从理论上来讲,中央政府可以提供地方公共产品,但是把效率因素考虑在内，就会得出更清楚的结论。许多地区居民对一定地方公共产品的需求量也存在着差异。中央政府若出面提供地方公共产品，就必须考虑各个地区的需要，从而选择一个尽可能照顾到各个地方综合力量的"量"。虽然这个量对某一地区有利，但对其他地区来讲可能并不适宜。因此，就会产生有些地区公共产品数量过多、供给成本相应增加，而其他地区则供给不足的问题。在适度分权的财政体制下，与中央政府相比较，地方政府更能够针对本地区居民的消费偏好，适量地提供本辖区内的一般性公共产品和服务，并且有助于降低提供公共产品和服务的成本与费用。

图2-3表明了这种比较及差异。图中，横轴X表示居民人数，纵轴Y表示居民对公共产品的偏好。假设有A、B、C三个地区，它们对公共产品P的需求曲线分别为U_A、U_B、U_C，当三个地区的居民人数均为E时，他们对公共产品P的需求量达到均衡。如果由中央政府出面为这三个地区统一提供地方公共产品P的话，那么，中央政府从总体上考虑，很可能会取三个地区对P的需求量的平均数，把提供这种公共产品的水准定为G。从图中可以看出，G点距离U_B曲线很近，说明对B地区居民的满足程度较高。但G远未达到U_A，这意味着它在很大程度上不能满足A地区居民的需求。同时，G也远远超过了U_C，表明提供给C区的公共产品P大大超过了需求量，从而造成了资源的浪费。如果适应地方公共产品的规定性的内在要求，由对本地区居民负责的各地方政府分别提供的话，则他们就可以根据需要和可能，尽量向A、B和C三区提供与需求相适应的公共产品，从而比中央政府更接近于满足各自地区对地方

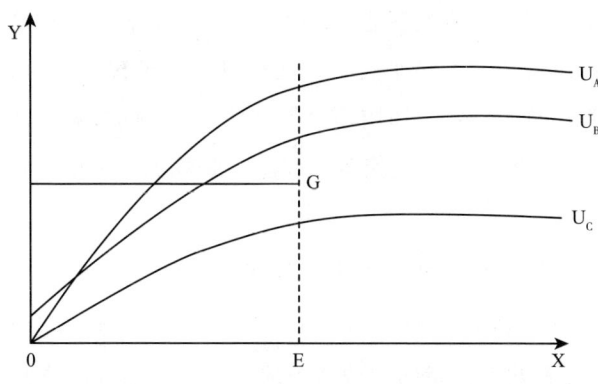

图2-3 中央和地方政府分别提供地方公共产品的比较

公共产品 P 的偏好和需求。由此可见，相较之下，地方政府有可能更有效地提供地方公共产品和服务。

2.1.2 财政分权促进消费、投资、技术创新等经济增长指标的作用机理

2.1.2.1 财政分权与技术创新的作用机理与效应

技术创新是落实"科学技术是第一生产力"的关键，是国家创新驱动发展战略的重要内容。促进技术创新、加速科技成果产业化已经成为目前世界各国科技政策的新趋势。技术创新是科技与经济密切联系的关键环节。促进经济发展方式转变、增强国家核心竞争力要依靠科技进步。而只有把技术创新作为第一生产力科技成果在生产实践中得以广泛的作用，才能有效地提高我国的经济增长质量，实现经济增长方式的两个根本转变。要使科技成果变成现实的生产力，特别是要形成规模效益，不仅需要科技工作者的努力，也需要国家出台相应的政策措施，创造有利于成果转化的环境条件，加快成果转化的步伐。技术创新是个复杂的系统工程，涉及面广，需要科研机构、企业、中介服务和政府各方面共同努力才能有效地进行。2015年8月29日，党的第十二届全国人民代表大会常务委员会第十六次会议通过的《中华人民共和国促进技术创新法》在推动科技成果处置、收益权改革、完善职务技术创新的奖励、报酬制度，加强科技成果信息发布、强化企业参与科研组织实施程度等方面都有一系列的突破，意在打通技术创新的各个链条。近年来，加大政府资金投入、提高科研成果转化率、提升科研创新能力已经成为国际共识。无论是发达国家还是发展中国家，都纷纷加大了科研投入，促进科研成果转化。为顺应世界潮流，我国也提出了坚持自主创新、加快建设国家创新体系的战略目标。如何发挥财政的促进作用，提升科研成果的有效转化率，是我国创新推动发展战略的重要一环。

2.1.2.2 财政分权对消费的影响效应与作用机理

第一，财政分权刺激消费的直接作用。一方面，财政分权刺激消费的"收入效应"即为税收对消费的"收入效应"是指政府征税将减少居民的可支配收入，使其消费能力下降，降低对商品的消费需求。

第二，财政分权刺激消费的间接作用。财政分权可以通过替代效应在调节产品结构和相关产业结构中发挥重要作用。税收政策对消费的"替代效应"主要通过商品劳务税实现，即通过征收增值税、消费税、关税等来影响商品的价格，致使资源在不同商品间重新分配。若对某种商品征收消费税，则居民会因其价格的上升相应减少对该商品的消费，从而该商品的替代品的消费量会相应上升，其互补品的消费量会相应下降。例如，政府首先可以通过调查选择性的商品税率，抑制能源消耗型产品的消费，鼓励绿色消费、合理消费，优化消费环境；其次可以通过对新兴产业实行税收减免，从而达到拓展消费领域、刺激居民消费的效果。开放条件下，当 GDP 及政府购买和净出口一定的条件下，消费和投资存在此消彼长的关系，即减少投资可相应增加消费，增加投资可减少消费。因此，政府可以通过税收政策在一定程度内抑制投资，从而间接刺激消费。

2.1.2.3 财政分权对投资的影响效应和作用机理

《中共中央关于社会发展第十三个五年规划的建议》明确指出：投资对经济增长具有关键作用，优化投资结构，是经济增长的关键任务所在。企业投资结构的优化是我国"十三五"规划的重要内容，对推进经济结构转型具有深远的影响。财税政策是促进企业投资、引导投资结构优化和使资本使用者成本对投资产生潜在的影响的重要调节手段，对正处于经济转轨中的中国而言，促进企业投资实体经济显得尤为重要。

第一，财税政策对企业投资机构的偏向效应，实证考察税收激励、流动性约束对企业投资结构性偏离问题的影响。在企业投资支出中存在不同程度偏离权益性投资的倾向，税收激励对企业权益性投资的促进作用要显著大于固定资产投资；现金流增加会提高企业的固定资产投资，但民营企业的权益性投资对其不敏感。理顺技术创新中政府与市场的作用边界，阐明税收作为政策工具的作用机理与效应。

第二，财税政策对促进企业投资效率效应。基于委托代理理论，本书深入探讨了税收政策与企业投资效率两者之间的内在联系，同时，税收征管有助于缓解企业避税与企业投资效率之间的相关关系。

2.1.3 地方财政分权的基本原则

2.1.3.1 夏普建议

美国哥伦比亚大学教授夏普（Sharp，1949）根据第二次世界大战战败后日本中央集权型财政体制导致严重的地方财政危机的问题，进行实地调研，提出著名的"夏普建议"，即日本应在明确地方各级政府行政责任的前提下，合理结合地方自有财权对地方各级政府间的财权与事权进行再分配。

夏普教授针对当时日本的地方财政问题，如：地方财政收不抵支、地方债务发行受中央政府限制等问题，他提出：地方财政分权的首要基础是建立在中央与地方间合理划分事权和支出责任，地方政府间事权和财权划分的三点基本原则是：一是事权和支出责任的明确化。应明确地方政府事权，区分事权的行政归属，一级政府分配一定的支出责任，明确各级政府事权的行政归属。二是实现财权事权效率最优。政府间事权与支出责任的划分应充分考虑政府规模及运行承受能力。财力分配要与事权分配挂钩，将财力分配给有能力、与事权相匹配的政府层级，充分实现财力与办事效率最优化。三是下级政府优先原则。即地方政府分权化改革的方向应坚持，若同一事权，相邻的上下层级政府都能承担，应优先考虑两级政府中偏下一级作为事权的承担者，以此推动地方自治。"夏普建议"对地方政府间支出责任划分具有积极的理论指导意义。

在逐步完善的财政分权理论的演进过程中，奥尔森和巴斯塔布尔（Olsom and Bastable，2009）等经济学家在"夏普理论"的基础上丰富和发展了地方财政分权基本原则，提出了根据公共服务受益范围划分不同政府层级间的支出责任，进一步实现公共物品的收益与成本、负担者能力的一致性[①]。

2.1.3.2 政府间分级划分事权的原则及模式

按照行政事权划分理论，政府职能主要包含收入分配职能、稳定职能、资源的配置职能三项主要职能，其中维护稳定和调节收入分配职能主要由中央政府负责履行，而地方政府主要履行资源的合理配置。各政府间事权划分的主要原则为：

---

① 张立承. 省对下财政体制研究[M]. 北京：经济科学出版社，2011：18 - 20.

一是以市场经济为基础。以市场经济为基础原则即为合理划分政府与市场边界,当经济出现波动时,市场能够自行有效调节的,政府不必干预。市场经济条件下,当市场无法充分有效调节时,政府才能通过财政或者货币等政策进行干预和调节,以确保市场健康有序的发展。

二是效率优先原则。当两级甚至多级政府都可以承担该项事务时,哪级政府处理事务的效率更高,则由哪级政府来承担此项任务,而不以政府间上下级来划分。

三是按照事务的属地原则。按照不同层级政府管辖范围确定事权所属。属于全国范围的事务交予中央政府承担,地方政府事务则交予管辖地区的地方政府承担①。

2.1.3.3 事权划分模式

不同政府层级及不同地方在事权和职责划分上存在着比较明显的差异性,表 2-1 为中央和地方政府的支出责任划分。我们公共品一般规则来看,仍然具有一般规律。

国家层面的公共事务是能够体现整体国家层面的公共支出项目,包括能够体现政府整体利益、全国范围内统筹安排的事务,及对外国际事务等公共项目支出,具体见表 2-1;地方政府的职责包含地方政府行政管理支出、城市维护建设支出等。

表 2-1　　　　　　　中央和地方支出责任划分

中央政府	国防支出;武警部队支出;外交外事和对外援助支出;中央政府行政管理支出;中央直属国有企业的挖潜改造和科技三项费用;地质勘探费;国内外债务的还本付息支出;中央一级承担的公检法支出
地方政府	地方政府行政管理支出;地方国有企业的挖潜改造和科技三项费用;城市维护建设支出;政策性价格补贴支出;地方公检法司支出;社会福利支出
中央和地方政府共同负担	基本建设投资(国家和跨地区的基本建设项目由中央政府承担,地方项目由地方政府承担);各项农业事业费和支援农业生产支出;文化、教育、科学和公共医疗卫生(中央政府一般承担国家重点项目和普通高等教育,地方政府承担其他部分);社会保障基金(中央政府部分弥补了地方管理的社会保障金现收现付制的缺口)

资料来源:财政部网站。

---

① 项怀诚. 中国财政管理 [M]. 北京:中国财政经济出版社,2001.

2.2 市级财政体制与政府层级

政府层级设置是行政管理的重要内容,对于提高政府管理效率具有重要意义。世界上各国都是依据其历史文化传统、国土面积、人口数量和人口密度、交通状况、通信技术、经济社会体制、国家结构形式等多种因素,设置地方行政层级,以保证国家行政管理的稳定、有序、高效。

2.2.1 政府层级设置分析

判断最佳行政层级设置应充分考虑符合一国具体国情、提高行政管理效率、推动社会经济发展等因素。就行政层级设置与行政管理效率而言,地方行政层级设置少的国家与地方行政层级设置多的国家相比较,地方行政层级设置少的国家具有国家稳定性较高、变动很少、能较好地适应经济社会发展等很多优势。地方行政管理层级设置过多会产生行政人员编制过多、行政机构臃肿,人浮于事,官僚主义、地方主义盛行,行政管理效率下降等很多弊端。地方行政管理层级设置为四级或四级以上的多层级国家较少,多数国家地方行政层级采用二级或三级。人口大国或者面积大国也实行较少的地方行政层级,以确保较高的行政效率。

经济发展、信息技术水平提高和交通改善,为我国减少地方行政层级提供了客观可能。为了更好地提高我国的行政效率、减少行政成本,进行行政层级改革,适当减少行政层级已成为当务之急。同时,发达国家的大都市区管理体制为我国市县分治提供了有益的借鉴。根据我国国情,应由"中央—省—设区市—县(市)—乡(镇)"五级制变为"中央—省—设区市、县(市)"三级。

2.2.2 市级财政体制与政府层级设置协调

分税制以来,我国地方税体系的产生约20年,因此在地方税体系逐步形成的过程中,财政体制以高度集权为主向适度分权逐步过渡。在这个过程中,既要形成一定意义上的分权实质,又应掌握分权的适度,即为处理好分税制各个要素在地方税体系与中央税体系之间的有机协调。

在税收收入规模的划分上,应以中央与地方各自的事权划分为依据,体现事权与财权统一。但是,从各国实践来看,地方税(包括共享税中的地方分成部分)所形成的税收收入普遍不能满足地方政府实现其职能所需要的全部财力,有一部分是来自中央对地方转移支付。因此,在确定地方税收入规模时,满足地方政府实现其基本职能所需基本财力即可,如维持地方政府有效运转、提供区域性基本公共品所需要的财力,对于不足部分应通过中央政府的转移支付来满足。在确定中央税收入规模时,不仅要满足中央政府实现其各项职能所需要的全部财力,而且要根据转移支付所要实现的财力均等化目标来确定中央对地方政府的转移支付所需财力规模。

按照以上思路,保证地方税收入规模与地方政府事权、中央税收入规模的有机协调。在税制结构划分上,应分析划分中央税与地方税的具体原则和思路。按照这种思路进行税种分割,应既体现不同税种性质和征收难易程度,又有利于调动中央和地方征管积极性和主动性。达到了这样的要求,也就建立了良好的中央税与地方税税制结构。在税收权限划分上的一个基本原则就是在赋予地方适度税收权限上,以中央有效监督和管理为前提。

在税收征管机构设置上,在分设中央与地方税收征管机构模式下,应严格划分各自征管范围和权限,尤其是中央与地方共享税征管,不能有相互扯皮、相互争抢税源情况出现,也不能出现对纳税人有重复征管现象。通过科学、合理地划分中央与地方税务系统征管权限、范围和内容等,来提高征管效率和质量,既要降低税收征管成本,又要保证税款按时足额收缴入库。

2.2.3 市级财政体制与政府间财权和事权划分

按照社会主义市场经济体制对政府职能界定、政府间职责划分要求,结合我国实际,我国中央与地方政府间事权与支出责任划分应遵循以下基本准则:

一是应有助于形成政府与市场合理边界。如何确定政府与市场职能的合理界限是一国经济能否健康发展的关键因素,政府对市场干预应该有一定界限;只有在确实存在"市场失灵"情况下,政府介入才有必要,同时要警惕政府过度利用审批权力，而造成"政府失灵"。就我国财政事权划分来看，应注意对政府生产性职能和服务性职能的界定。当前，我国财税体制给予了地方政府过多生产性的职能，包括审批或直接投资等，这样的设置给了地方政府替代市场、过度干预市场资源配置的内在激励。未来必须要强调地方政府服务性职能，对地方政府责任划分强调对居民公共服务事业的投入和绩效。

二是有助于构建激励相容事权结构。中央与地方事权划分，主体是中央政府和地方各级政府，中央和地方政府都应该有独立的利益诉求，也不可否认其存在利益矛盾，因此，需要调动中央和地方政府积极性。我国政府治理现状表现出人民对中央政府高度信赖的鲜明特点。这决定了划分政府间事权过程中，中央政府应该承担主要责任，大部分支出责任应由中央政府来行使。政府间事权划分应以我国政府治理现状为前提，以中央政府为原点，依据激励相容机制决定支出责任如何向地方政府延伸。中央政府在确定地方政府的支出责任时应考虑激励相容机制，即支出责任与地方政府动机相一致，地方政府应具有强烈的动机行使某项事权。激励不相容时，事权就应由中央政府行使。如果激励相容的条件得不到满足，那么即使出于其他原则如外部性、信息处理、规模经济等考虑，转移事权可以获得的收益也不会被实现。

三是有助于公共服务有效供给。事权与支出责任划分应该保障公共品与公共服务能够得到有效提供，保证每一项公共品或公共服务的提供都有相应级别政府负责，避免在事关公众福利的公共项目上出现不同级别政府间相互推诿和漠不关心，影响居民的福利水平。同时，责任划分还需行使该支出责任的政府能够最有效率地履行职责。无论从外部性角度，还是规模经济角度，较高级别政府都应该逐步增加直接向居民提供一定的公共服务。不仅对中央政府如此，对省级政府也同样成立。各级政府，尤其是较高层级的政府，例如省政府，应当从原有的管理机构逐步转变为公共服务提供的重要主体，其在定位上应当不仅仅将自身视为对中央政府政策上传下达环节，还应该在公共品和服务的提供过程中扮演不可或缺的角色。

2.3 本章小结

本章在第1章的基础之上,进一步总结和归纳了地方财政分权理论的逻辑和演变,从地方财政与转移支付基本理论、促进消费、投资与科技创新的财政政策与地方财政分权的基本原则等几个角度对相关理论进行了梳理。为后续章节进一步开展研究奠定了良好的基础。

第 3 章

我国省对市级财政分权体制现状分析

我国省对市财政制度变迁是伴随着我国省对下财政体制建立、发展、改革与逐步完善这一轨迹而变化的，省级政府对地级市政府的税收分成安排是市级财政体制的核心内容，而市级财政体制的建立紧随国家财政体制变化而变化。在我国经济发展的不同时期，财政管理体制也进行了不同的变革。我国的财政体制改革经历了由"统收统支"的财政集权阶段逐步过渡到"分级包干"的财政分权阶段，进一步转化为"分税制"财权上收中央的财政集权阶段。地方财政体制的变迁更多的是围绕中央与省级政府之间的财政关系建立本省的省对市财政收入划分关系。

新中国成立以来，我国的财政体制随着时间的推移和国内经济形势的变化，在不同时期有所不同，先后经历了统收统支的财政体制，统一领导、分级管理的财政体制，分级包干的财政体制和分税制财政体制。各种不同的财政体制在中央与地方的事权、财权的分配上各有偏重，对我国区域经济的形成与发展也产生了不小的影响。

财政分权是当前经济发展中关于政府的重要问题，财政分权的内涵既包含政府间财政分权，其外延又包涵着政府向市场分权。而政府间财权分配问题是财政分权问题中的核心命题。我国的市级政府财政分权体制是中央对地方财政分权体制的延伸、扩展，是贯彻和落实国家财政制度、完善国家治理体系和提供基本公共服务的"一线平台"，同时也是国家财政体制的重要组成部分（贾康和阎坤，2005）。政府的层级决定了财政的层级，即我国的财政体制是一级政府一级财政体制。20世纪80年代以来，我国确立了中央、省（自治区、直辖市)、市(地区、自治州)、县(自治县、县级市)、乡(民族乡、镇)五级政府体制,财政体制也相应划分为五级财政。在当前我国五级政府的构成框架下,需要逐步明晰政府的制度框架,奠定地方分税制顶层设计的基础(邓子基、唐文倩,2012)。财权与事权的合理划分需要迫切改革当前我国市级财政体制,缓解基层财政困难。中央、省(自治区、直辖市)与市、县构成了我国财政层级中最为重要的三级架构,本章在前一章财政分权理论分析的基础上,对我国各省市级税收分成的制度基础、形成背景及发展现状作梳理,并对比研究了当前我国各省对市财政体制的总体特点,归纳总结存在的问题。

3.1 市级财政体制的变迁

我国的省对市地方财政制度变迁是伴随着我国省以下财政体制建立、发展、改革与逐步完善这一轨迹而变化的,省级政府对地级市政府的税收分成安排是市级财政体制中的核心内容,而市级财政体制的建立紧随国家财政体制变化而变化的。在我国经济发展的不同时期,财政管理体制也进行了不同的变革。我国的财政体制改革经历了由"统收统支"的财政集权阶段逐步过渡到"分级包干"的财政分权阶段,进一步转化为"分税制"财权上收中央的财政集权阶段。地方财政体制的变迁更多的是围绕中央与省级之间的财政关系建立本省的省对市财政收入划分关系。

3.1.1 "统收统支"阶段的市级财政制度

改革开放前期(1949~1980年)是我国"统收统支"财政体制的形成与发展时期。在新中国成立初期较长的一段时间里,为了加强人民民主专政,我国实行的是高度集中的计划经济,其主要表现为我国财政管理体制较为统一,全国自上而下高度集中。"统收统支"的财政体制的主要特征是更替频繁、中央集权、在财政的收入和支出上统一由中央政府调配。地方政府只是作为中央政府的一个派出机构,代理中央负责组织收入,并全部上缴中央国库,地方政府财政开支均需中央统一审核,逐级拨付。高度集中的计划经济使中央在进行资源配置方面实行统一的宏观控制与管理。中央直属企业大幅度增加,大量的物资、财政税收等均集中在中央的手里,在行政、物价管理、基本建设等方面均强调中央的集权,中央各部均实行"条条管理",对地方的工业、物资和物价等进行了干预和管理。中央在这一时期主要的经济工作是稳定市场物价、沟通城乡物资交流、统一财经、调整工商业等。确立了国营经济领导下的多种经济成分并存的经济发展道路,使国民经济走向了正常运转的轨道。这种统收统支的财政体制,稳定了国家的社会和经济状况,保证了国家财政预算收支平衡和物价稳定,总体上发挥了积极的作用。

新中国成立后,我国开始采用财政体制,期间不断变化。在"统收统支"的整体框架下,中央财政管理经历了七个阶段的财政体制改革。不同时期的财政体制改革行为主要以国家当时的发展需要为依托,自上而下在全国实施。

第一阶段:1949~1950年,实行"高度集中、统收统支"财政管理体制下的地方税收分成制。这一阶段,新中国刚刚成立,全国的财政管理权限全部集中在中央,全国范围内实行统一财政收支、现金管理和物资调度。因此,当时的地方政府基本没有财权,省级政府并不具备税权和税收分成的基础条件。

第二阶段:1951~1957年,实行"划分收支、分级管理"财政管理体制下的地方税收分成制。这一阶段,我国开始逐步划分收支,国家财政被划分为中央级、大行政区级和省(市)财政三级,省级财政只包含本级及县(市)的财政,并不包含乡村财政。1951年政务院发布《关于进一步整理城市地方财政的决定》,第一次正式规定城市财政的收支范围及预算平衡,解决了时下地方财政收支混乱的局面,保证了地方事务的开支。将当时的房地产税、契税、屠宰税、特种消费行为税均划为市级财政收入,同时对市营企业收入及各种附加和各种非税收入、文教社会卫生收入、公产收入及司法、公安罚款和其他收入均做了详细划分,成为新中国成立后第一个对城市财政的收支范围、预算平衡等进行规定的正式文件。此时,省级政府开始依照本地实际,将地方固定收入划分为省级与县市级固定收入,同时选择部分税种作为省与市级政府的固定比例分成收入和调剂收入。

第三阶段:1958年,实行"以收定支、五年不变"财政管理体制下的地方税收分成制。这一阶段,国家财政管理体制对收入分成经常改革。

第四阶段：1959~1970年，实行"收支下放、计划包干、地区调剂、总额分成、一年一变"财政管理体制下的地方税收分成制。部分省响应国家层面改革要求，对本省的收入分享实行了总额分成，如山西、青海等省份。

第五阶段：1971~1973年，实行"定支定收、收支包干、保证上缴（或差额补贴）、结余留用、一年一定"财政管理体制下的地方政府税收分成制。这一阶段，中央财政明确要求各省、直辖市、自治区不宜采用对下层层包干，可以采取收入分成办法或其他办法分享财政收入，但地方政府多仍然沿用财政包干制，有个别省份如内蒙古自治区、河北省等开始进行超额分成的收入分成改革。

第六阶段：1974~1975年，实行"收入按固定比例留成，超收另定分成比例，支出按指标包干"财政管理体制下的地方税收分成制。这一阶段，中央开始在全国推行对地方政府实行收入按固定比例留给地方政府作为机动财力。这两年间共19个省级政府陆续进行省本级对下级财政管理体制改革，也实行除对专属政府收入按固定比例留成，超过部分另行分成。

第七阶段：1976~1978年，实行"定收定支，收支挂钩，总额分成，一年一变"财政管理体制下的地方税收分成制，部分省（市）试行"收支挂钩，增收分成"下的地方税收分成制度。这一阶段，中央对地方执行"定收定支、收支挂钩、总额分成、一年一变"的财政管理体制，而江苏省、辽宁省、上海市等则实行"收入按固定比例留成和增长分成"的制度。

3.1.2 "分级包干"制下的地方税收分成制度

1978年12月，党的十一届三中全会是新中国成立后的一个伟大转折。全会决定自1979年始，全党的工作重心由原来的阶级斗争转变为社会主义现代化建设。"分级包干"的财政分权自此也开始筹划启动，所谓"分级"就是中央与地方的收支范围划分。这一时期中央政府主要目标首先是提高地方发展积极性，其次是提高自身的控制力。这一时期的财政体制相对于"统收统支"时期有了很大改变，政府对放权分权、承包制以及财政包干进行了多方面探索，各省的财政收入分成方式基本遵循中央对地方的办法。我国"分级包干"时期财政分权改革经历了以下阶段。

第一阶段：1980~1985年，实行"划分收支，分级包干"财政管理体制下的地方税收分成制。1980年，国务院第一次下发了《国务院关于实行"划分收支、分级包干"财政管理体制的通知》（以下简称《通知》），第一次明确了为发挥中央与地方两个积极性，将地方所属企业的收入、盐税、农牧业税、工商所得税、地方税和地方其他收入归地方财政，作为地方财政的固定收入，首次明确了中央与地方政府的支出责任。经国务院批准，上划给中央部门直接管理的企业，其收入作为固定比例分成收入，80%归中央财政，20%归地方财政，并将工商税作为中央和地方的调剂收入。《通知》第一次明确了省对地级市的财政收入分成比例及按照收入增长分档分成办法。各省辖市以上年为基期，扣除上交中央财政部分以后，其余部分按增长幅度分成三档：增长10%以下的，市分成比例为40%；增长10%~15%的，市分成比例为50%；增长超15%以上的，市分成比例为70%。

第二阶段：1985~1988年，实行"划分税种、核定收支、分级包干"财政管理体制下的地方税收分成制。1985年国发42号文《关于实行"划分税种、核定收支、分级包干"财政管理体制的规定》在1980年划分收支的基础上，将税收收入在中央与省之间进行合理划分，在原有地方财政固定收入的基础上，首次对共享税收收入作了具体细分：（1）中央国营企业的所得税、调节税；铁道部和各银行总行、保险总公司的营业税；粮、棉、油超购加价补贴；烧油特别税；关税和海关代征的产品税、增值税；专项调节税；海洋石油外资、合资企业的工商统一税、所得税和矿区使用费和其他收入；石油部、电力部、石化总公司、有色金属总公司所属企业的产品税、营业税、增值税，以其70%作为中央财政固定收入。（2）地方国营企业的所得税、调节税；集体企业所得税；农牧业税；车船使用牌照税；城市房地产税；屠宰税；牲畜交易税；集市交易税；契税；城市维护建设税和其他收入。尚待开征的土地使用税、房产税和车船使用税，也计划列为地方财政固定收入。石油部、电力部、石化总公司、有色金属总公司所属企业的产品税、营业税、增值税，以其30%作为地方财政固定收入。（3）产品税、营业税、增值税（这三种税均不含石油部、电力部、石化总公司、有色金属总公司四个部门所属企业和铁道部以及各银行总行和保险总公司交纳的部分）；资源税；建筑税；盐税；个人所得税；国营企业奖金税；外资、合资企业的工商统一税、所得税（不含海洋石油企业交纳的部分）将在中央与地方政府间共享。1985～1987年，为适应经济体制改革的变化，正确处理中央与地方之间的关系，除中央财政固定收入不参与分成外，把地方固定收入和共享收入加在一起，同地方财政支出挂钩，确定一个分成比例，实行总额分成。

第三阶段：1988～1993年，实行"多种形式的财政包干"的地方税收分成制。这一时期，除少数民族地区外，中央对各省、自治区、直辖市和计划单列市实行不同形式的包干办法，各省的财政收入分成方式开始初步形成多样式的特点，分成模式主要包含收入递增包干法（实行这种办法的有北京市、河北省、辽宁省、江苏省、浙江省、河南省、宁波市、重庆市、沈阳市、哈尔滨市）、总额分成办法（实行这种办法的有天津市、山西省、安徽省）、总额分成加增长分成办法（实行这种办法的有大连市、青岛市、武汉市）、上解额递增包干办法（实行这种办法的有广东省和湖南省）、定额上解办法（实行这种办法的有上海市、山东省、黑龙江省）、定额补助办法（实行这种办法的有吉林、江西、陕西、甘肃、福建、贵州、云南、青海、海南、湖北、四川11个省份，以及内蒙古、广西、西藏、宁夏和新疆5个自治区）多种形式。

3.1.3 市级财政体制改革过渡期

在经历了分级包干制过渡到分税制后，市级财政体制开始运行不顺畅（楼继伟，2013），出现了纵向财力分布不均，横向财力不均衡，事权与支出责任不对等问题，各地均出现了县乡财政困境。于是，为解决当时市级政府层级中最底端县、乡财政入不敷出的局面，财政部分别于2006年和2009年出台《财政部关于进一步推进乡财县管工作的通知》《关于推进省直接管理县财政改革的意见》在进一步理顺省与市、县支出责任的基础上，要求各省确定市、县财政各自的支出范围，市、县不得要求对方分担应属自身事权范围内的支出责任。按照规范的办法，合理划分省与市、县的收入范围。县级财政部门在预算编制、账户设置、集中收付、政府采购和票据管理等方面，对乡镇财政进行管理和监督。虽然省对市、县，市、县对乡收入划分基本维持不变，但此政策无疑对保障县、乡级政府财力、进一步理顺市级政府间事权划分及财政分配关系、增强基层政府提供公共服务的能力迈出了实质性一步。2007年10月，党的十七大报告提出"完善市级财政体制，增强基层政府提供公共服务能力"。2013年12月，财政部发文《关于调整和完善县级基本财力保障机制意见》，强调中央和地方实行分税制财政体制，市级财政体制主要由省级政府确定，依法界定市级各级政府的事权和支出责任。省级政府要取消按企业隶属关系（或出资额）划分收入的办法，采用按税种或按比例分享等规范办法，依法逐步清理对市级各级政府和各类区域的地方财政收入全留或增量返还政策。调控能力有限、保障任务较重的省，要通过调整市级财政体制适当集中财力。实施县级基本财力保障机制的责任主体为省级政府。日前，国务院办公厅转发财政部文件并明确将通过加大奖补资金支持力度、完善市级财政体制、健全激励约束机制等方式，为县级财政提供更好的保障。贵州、江苏、山东等省响应中央号召，相继出台了进一步完善本省财政管理体制的文件，改革内容主要集中在财政激励、发挥市、县发展辖区内经济的积极性、平衡区域间财力方面。各种不同性质的财政体制表现在具体的政府活动中，主要是中央与地方政府财政收入占总收入的比重变化。从财政体制变迁的时间序列和中央与地方财政收入占全国财政收入的比重变化相对应，可以知道，不同财政体制下，中央政府和地方政府的财政收入比重各不相同，而大多数转折点发生在财政体制发生改变的年度。财政体制经过了近20年的发展及演变，中央和地方的财权与事权基本稳定下来，基本情况如表3-1所示。

表3-1　　　　　　　各阶段政府间财政关系演进

阶段	时期	特点	关系	
			中央——省	省——市、县
统收统支	1949~1950年	"收支两条线"、中央权利高度集中、地方政府处于中央政府约束下	代征契约	代征契约
统一领导、分级管理	1951~1979年	划分收支、分级管理，地方政府具有一定的责、权	代征契约、定额契约和分成契约	代征契约、定额契约和分成契约
财政包干	1980~1985年	地方政府成为独立利益主体，收支权限增强	定额契约和分成契约相结合	定额契约和分成契约相结合

续表

阶段	时期	特点	关系 中央——省	关系 省——市、县
划分税种、财政包干	1985~1993年	税种在中央与地方政府间划分，地方政府成为独立利益主体，收支权限进一步增强	定额契约和分成契约相结合	定额契约和分成契约相结合、税种分配雏形初现
分税制	1994年至今	明确划分地方政府财政收支范围，地方政府自主编制预算	分成契约和分成契约相结合	总额契约和定额契约、分成契约、定额契约与分成契约相结合

我国市级财政体制比较复杂，缺乏统一的财政体制，它们是根据各自经济发展的情况和传统的财政制度发展起来的。在省以下财政体制中，一些省份以实行主体税种分税制为主，对主体税种收入在省市之间进行了明确划分；另一些省份以简单"分税"为辅，以财力结算体制为主；还有一些省份则继续沿用了财力结算体制。福建对各市地方一般预算收入实施省分成20%的办法；浙江对各地一般预算收入超过核定基数的增量按一定比例实施省市分成；云南对昆明、玉溪、曲靖等收入大市超过核定的一般预算收入基数部分实行不同比例的集中；江苏2008年"分税制"改革的实质内容仍建立在"总额分成"基础上，只不过对主体税收的收入进行了增量共享。

总的来说，市级财政体制受中央与省财政管理体制的影响，而各省的财政体制却"各式各样"，并没有地域上的联系，因此可以说，市级财政体制并不是受地理因素所困扰，而更多的可能是与分税制时各省的经济财政状况有关，这值得进一步探讨。

3.1.4 现行省对市财政体制

党的十八届三中全会提出了财权与支出责任相匹配的要求，根据测算，目前我国的省级政府财权与其支出责任基本相符，中央政府财力远远大于其事权范围，而我国的市、县及以下级政府财政收入占总财政收入的25%~30%，却承担着我国50%~55%的事权（见表3-2）。我国的基层政府存在着事权与财权严重不相匹配的问题。

表 3 – 2　　　　　　　政府财力分布及职责与事权范围表

政府	财政收入占比（%）	财政支出占比（%）	职责	事权范围
中央	55～60	25～30	财政税收立法、政策制订；制订全国及中央预算、决算；国家范围内财力平衡和调控	国家安全、国防、外交、宏观调控、大江大河治理及全流域国土整治；地区财力均平调节，全国性及跨地区基础设施建设与环境保护重点项目、大型国有企业兴建与控股监管；协调地区间经济和社会事业发展；中央机关运转，中央直接管理的事业发展，保证国家法制、政令与市场统一
省、自治区、直辖市	15～20	15～20	地方财税法规、政策制订；省际间预算、决算与财力平衡	区域经济结构调整，环境治理与改善；省本级政府运转开支及省管单位等地方性支出；激励市级政府活力与效能
市、县	25～30	50～55	辖区财税计划调整、申报；财税工作落实；市、县本级预决算；财力统筹协调	本级政府辖区内行政事业性收费；公检法经费、地方统筹安排费用；基建、公用事业、科研、城市维护建设、支农、社保、环境保护和公共设施等

资料来源：贾康，阎坤. 完善省以下财政体制改革的中长期思考 [J]. 管理世界，2005（8）：33 – 37.

我国的财政支出具备两个主要性质分别为：经济性质和功能性质。财政支出主要分为四类：政府建设支出、社会公共事业支出、公益性基础设施建设支出及宏观经济运行调控支出。具体包括：一般公共服务、外交、国防、公共安全、教育、科学技术、文化体育与传媒、社会保障和就业、社会保险基金支出、医疗卫生、环境保护、城乡社区事务、农林水事务、交通运输、采掘电力信息等事务、粮油物资储备及金融监管等事务、国债事务、其他支出和转移性支出。基本公共服务及民生性公共服务：如教育、医疗卫生、社会保障、环境保护与生态建设、城乡社区事务、农林水事务、交通运输和文化等主要是由中央和省级政府制订政策，辖区内上述基本公共服务均由本辖区内市、县承担支出责任及具体管理和执行。

3.2 市级财政体制与区域经济

3.2.1 "统收统支"阶段的市级财政制度与区域经济

在区域经济的划分上，以行政划分不同形成了不同的区域经济。我国的区域划分呈现大行政区的形式，主要有华北、东北、华东、西北、中南、西南六大行政区。大行政区划相当于中央的派出机构，作为地方最高政区，下辖若干个省区，有着极大的行政管理的自主权和独立权。

高度集中的计划经济使中央在进行资源配置方面实行了宏观的控制。中央直属企业大幅度增加，大量的物资、财政税收等均集中在中央的手里，在行政、物价管理、基本建设等方面均强调中央的集权，中央各部均实行"条条管理"，对地方的工业、物质、物价等进行了干预和管理。

中央在这一时期主要的经济工作是稳定市场物价，沟通城乡物资交流，统一财经，调整工商业等。确立了国营经济领导下的多种经济成分并存的经济发展道路，使国民经济走向了正常运转的轨道。

在以后相当长的一段时间里，我国实行的是统一领导、分级管理的财政体制，在实行过程中，具体的方法、形式随着形势的变化而有所变化，但体制类型从总体上来说不变，这种体制的基本内容是：在中央统一政策、统一计划和统一制度下，实行分级管理，但地方政府权力较小，构不成一级独立的预算主体；中央和地方政府在职责上有分工，也有各级政府的预算支出范围，但支出指标由中央确定；由中央确定地方收入指标，全部收入分固定收入和比例分成收入，由地方统一组织征收，分别入库；中央统一进行地区间的财力调剂，收大于支的地方上解收入，收小于支的地方由中央补助。这种财政体制实行的是"一年一定"或"几年一变"，不是长期相对稳定。

从第一个五年计划起，在中央统一领导下，为了充分发挥地方的积极性，适应经济发展的需要，1954年，中央取消了各大行政区的划分。将行政区的职权收回了中央，由中央管辖各省、自治区和直辖市，并对市级的行政区进行调整。省级政区减少到30个左右，这个格局一直到1988年设置海南省和1997年设置重庆直辖市之前没有大的变化，形成了我国行政区划和行政体制的基本格局。而国家财政也划分为中央、省和县（市）三级财政，并由此奠定了我国财政分级管理的基础。同时，县级财政的建立，进一步扩大了地方财政的管理权。

在经济建设和发展上，全国掀起了第一次大规模建设高潮，奠定了我国建设新兴工业城市科研和高等教育基地的基础。在大规模重点建设进行的同时，地方经济在已经恢复规模的基础上，充分挖掘潜力，扩建、改建了一批中小型企业，并基本上完成了对农业、手工业和资本主义工商业的社会主义改造。东北地区被誉为新中国的"工业摇篮"，在新中国成立初期，重点建设的150个重工业项目中，1/3集中在中国东北。这些项目包括钢铁、能源、化工、重型机械、汽车、军工等较为齐全的门类，奠定了中国工业化的初步基础，使中国建立了比较完整的基础工业体系和国防工业体系的框架。

在1958年第二个五年计划开始实行时，中央政府对财政体制进行了一次较大的改革。将大部分中央企业下放给地方管理的同时，相应扩大了地方财权。改变了以前实行的"以支定收，一年一变"的办法，实行"以收定支，三年不变"的财政管理体制，解决了地方争指标的不合理现象，有利于地方根据本地区的情况统筹安排经济建设。

但这种情况只执行了一年就被"大跃进"运动影响了。在错误思想的影响下，提出了一些超越当时人力、物力、财力承受能力的发展计划。地方财政虚假收入，地方分得的机动财力大大超过了原来的设想，且各地区存在很不平衡的现象。收入多的地方扩大基本建设投资，固定资产投资急剧增长。这种过多地扩大地方的财权，相对缩小中央财权的做法，不利于国家有计划地发展经济。

从1959年起，我国实行了"总额分成，一年一变"的财政体制变革。在持续下放收支项目的同时，适当收缩一部分地方的机动财力，将地方负责组织的全部收入和地方财政支出挂钩，把基本建设支出由中央专项拨款改为列入地方预算支出，参与收入分成，国家通过预算指标一年一定的办法，适当集中财力。但具体实行时并没有达到适当集中国家财力的目的，出现了财政管理偏松、乱挤生产成本、任意改变资金用途、用流动资金搞基本建设，乱上计划外建设项目等问题。

第3章 我国省对市级财政分权体制现状分析

这种情况持续到1961年，能源、原材料、交通运输、市场供应紧张，造成国民经济比例的严重失调，经济出现大的波动。人为的因素加之三年自然灾害的影响，使工农业生产严重受损、市场商品供应紧张、物价上涨、人民生活出现较大困难。于是，1961年中央政府强调财政管理的集中统一，对地方财政加以调整和整顿。在1961年1月的《关于改革财政体制，加强财政管理的报告》中，中央政府提出将国家财政集中到中央、大区和省、区、市三级，在收入上收回了一部分重点企业事业收入，作为中央固定收入，在支出上将基本建设拨款改为国家专项拨款。

1962年以后的几年里，根据加强中央财政集中管理的精神，对地方财政又进行了一些调整，适当缩小了地方财政，加强了财政管理，压缩了预算外资金。

1966~1976年，国家经济遭到了严重破坏，各地财政收入起伏不定，在财政体制上主要是实行维持地方财力的做法。

1967年和1968年，有些地方连正常经费也无法解决，为确保地方正常开支，被迫暂时采取收入全部上缴中央、支出全部由中央拨付的办法。1969年，又恢复了"收支挂钩、总额分成"的办法。1970年，财政管理权限又层层下放，地方财政的比重增加了，而中央财政却受到了限制。

1971~1973年，我国财政体制实行收支包干机制，即中央对省级"定收定支，收支包干，保证上缴（或差额补助）、结余留用、一年一定"的包干体制。

1974~1975年，由于生产受到破坏，包干法行不通后，我国实行了"收入按固定比例留成，超收另定分成比例，支出按指标包干"的体制，地方负责组织的财政收入，按固定比例给地方留用，留用比例各省不一，作为地方稳定的机动财力；超收的部分，另定比例留成，地方所留一般不超过30%；地方的财政支出，由中央核定指标包干；地方年终结余，留归地方使用。但这种方式虽然避免了地区之间机动财力悬殊的矛盾，但收支不挂钩，不利于调动地方增收节支和平衡预算的积极性。

1976年，我国再次实行了"收支挂钩、总额分成"的体制。在恢复总额分成的同时，又保留了地方既得利益，但地方既得利益仍未同地方的收入任务

· 55 ·

相联系，不利于增产增收。

虽然在1966~1976年，经济建设受到了极大的破坏，但国家的经济建设仍在艰难中进行，国家所有制的经济基础和计划经济运行机制没有大的改变。"三五""四五"国民经济计划得到完成，一些大的建设部署和安排没有中断，除1967年、1968年两年外，总体上还是有所发展，并取得了一些重要成果。如葛洲坝水利工程、南京长江大桥、刘家峡水电站等。

在产业结构上，为了快速发展国民经济，在产业布局、发展上重点强调发展重工业、次发展轻工业和农业；为了确保国家安全，重点发展三线建设和国防建设；国家主席毛泽东于1964年在作出三线决策时指出：三线是一个阵地，一线二线是一个阵地，以一线二线的生产来支援三线建设，沿海支援内地，使内地逐步赶上沿海地区的发展水平。这为我国西部地区的工业和基础产业奠定了发展的基础。

三线建设取得了重大成就，初步改变了我国内地基础工业薄弱、交通落后、资源开发水平低下的工业布局不合理状况。初步建成了以能源交通为基础、国防科技为重点、原材料工业与加工工业相配套、科研与生产相结合的战略后方基地。但由于当时三线经济发展落后，在进行三线建设时在资源配置效率上较为低下。在基础工业方面，我国建成了一大批机械工业、能源工业、原材料工业重点企业和基地。湖北第二汽车制造厂、陕西汽车制造厂、四川汽车制造厂等骨干企业的汽车年产量已占当时全国总结的1/3。东方电机厂、东方汽轮机厂、东方锅炉厂等重点企业，形成了内地电机工业的主要体系。12个重型机器、矿山、起重、压延机械厂使三线地区具有了较强的重型机器设备制造能力。三线地区初步形成了重庆、成都、贵阳、汉中、西宁等新的机械工业基地。能源工业是三线建设的重点部门。主要有贵州六枝、盘县、水城地区和陕西渭北地区的煤炭基地，湖北的葛洲坝水电站，甘肃的刘家峡、八盘峡水电站，贵州的乌江渡水电站，四川石油天然气开发、陕西秦岭火电站等。原材料工业方面，钢铁工业是三线工业投资最多的。四川除建成攀枝花钢铁基地外，还有重庆钢铁公司、重庆特殊钢厂、长城钢铁厂、成都无缝钢管厂为骨干的重庆、成都钢铁基地。铜、铝工业基地分布在四川西昌、兰州等地，其中，西南铝加工厂是当时全国唯一可以生产大型军用铝锻件的企业。三线建设还促进了内地省区的经济繁荣和科技文化进步,给内地以后的建设带来了发展机遇。攀枝花、六盘水、十堰、金昌等过去是人烟稀少的荒山僻野,现在成为著名的新兴工业城市。铁路的开通,矿产资源的开发,科研机构和大专院校的内迁,使长期不发达的内地和少数民族地区涌现了几十个中小工业城市,社会经济、文化水平得到显著提高,缩小了内地与沿海地区的各种差距,人民生活水平有一定的提高。三线建设中也存在着不少问题。第一,建设规模铺得过大,战线拉得过长,超过了国家的承受能力。第二,进程过快、过急,有些项目未进行资源环境的调查和论证,就匆忙动工,造成了严重后果。第三,过分强调战备需要,忽视经济效益和长期生产要求。一些现代化工业企业远离城市,按"靠山、分散、进洞"的原则建设在山沟里,造成生产管理、协作不便。各个地区为了解决生活需要,都必须拿出资金建设"小而全"的商店、医院、学校等封闭社会设施,造成重复浪费。第四,不惜代价地片面追求政治目标,打乱了正常的经济管理秩序,造成了一些不应有的损失。

3.2.2 "分级包干"制下的市级财政制度与区域经济

党的十一届三中全会以来,我国实行了经济体制改革,财政的分级包干体制是改革开放以来到1994年前所实施的财政体制的总称,它经历了1980年、1985年和1988年三次重大的改革与调整,逐步形成了一个"分灶吃饭"的财政体制。在划分收支的基础上,分级包干,自求平衡。

1980年2月,国务院颁发了《关于实行"划分收支、分级包干"财政体制的暂行规定》,决定除京、津、沪三个直辖市外,其余地方均实行形式各异的"分灶吃饭"办法。主要对收入实行分类分成,划分为固定收入、固定比例分成收入和调剂收入三类;财政支出主要按照企业和事业单位的隶属关系进行划分。地方财政在划分的收支范围内多收可多支,少收则少支,自求平衡。第一次明确了为发挥中央与地方两个积极性,将地方所属企业的收入、盐税、农牧业税、工商所得税、地方税和地方其他收入归地方财政,作为地方财政的固定收入。同时,首次明确了中央与地方政府的支出责任。

分级包干的财政体制不仅扩大了地方的财权,同时也加强了地方的经济责任,因而促使地方加强了对财政工作的领导,使地方有了发展本地经济的内在动力和能力。

1985年,开始实行"划分税种、核定收支、分级包干"的办法,对原来的"分灶吃饭"体制进行了改进。以第二步利改税后的税种设置作为划分收入的依据,收入分为中央税、地方税和共享税三种;重新核定基数,地方财政支出基数按照1983年的既得财力确定,地方财政收入的包干基数以1983年的决算收入数为依据。

1988年,财政体制又一次进行了较大的改革,全方位地推行了财政承包制。全国范围内分别实行了收入递增包干、总额分成、总额分成加增长分成、上解额递增包干、定额上解、定额补助六种不同形式的财政承包制。但不论哪种形式的财政承包制,地方均可以从增收或超支中多得,调动了地方特别是上解比例大的地方组织财政收入的积极性,保证财政收入的稳定增长。

在整个20世纪80年代,分级包干制对促进经济建设发挥了积极的作用,打破了原有的旧体制,支解了过去统得过死的体制,通过适当分权,使地方具有相对独立利益,充分发挥了地方在经济建设中的积极性。

改革开放以来到1994年这一时期,整个经济建设在坚持贯彻中共中央"调整、改革、整顿、提高"的方针和坚持"对内搞活,对外开放"的指导思想下,坚持以提高经济效益为中心,走内涵扩大再生产的路子,适时调整农轻重比例关系,大力发展消费品生产。

改革开放背景下的非均衡发展阶段,中央确立了让一部分地区先发展起来、一部分人先富起来的方针,对东部采取一些特殊政策。东部沿海地区因自然因素、地理因素、政策因素等诸多有利条件而快速发展,东部各省区GDP占全国的比例和排序明显上升。中部、西部省区则由于自身不利条件限制,加上中央支持力度减弱,在发展中拉大了与东部的差距。在政策导向、经济规律和物质利益共同起作用的条件下,东部潜在的生产力被激活,各种要素在沿海地区重新聚合,形成了巨大的"窗口"示范、吸引和带动作用。而中部、西部地区由于处于次位的发展地位,再加上缺少必要的政策扶持、资金积累、高素质人才等,在经济发展中处于落后地位,与东部地区的经济发展拉下了很大的差距。

1981~1985年"六五"期间,全国经济在经过前几年的调整后,进入快速发展阶段。农村全面实行家庭联产承包责任制。这一改革极大地调动了广大农民的生产积极性，粮食生产取得突破性增长，基本上解决了农民的吃饭问题。家庭联产承包责任制的实施，也极大地解放了农村生产力，不少农村剩余劳动力纷纷转移到二、三产业，拉开了农村乡镇企业发展的序幕。随着消费水平的提高，也刺激了工业生产和其他行业的发展。在农村经济体制改革顺利推行的同时，城市相关各项配套改革逐步展开。从此，经济发展走上了对外开放和横向交流迅速扩大的历史发展新阶段。

1986～1992年，我国实行有计划的商品经济。根据中央的大政方针，积极拓宽城郊型农业经济的发展领域，充分发挥科技、旅游和军工"三大"优势，大力扶持军工企业开发产品，大力发展以旅游业为龙头的第三产业和以道路为主的城市基础设施建设，并先后开辟了电子工业城和工业科技园区，同时稳步推进各项改革。在企业内部普遍推行了各种形式的经济责任制，企业改革由放权让利，逐步发展到以完善企业内部经营机制为主要特征的深层次改革。开拓"三多一少"的消费品市场，初步形成了多形式、多层次、多种所有制纵横交错的批发网络。

总之，在改革开放到1994年实行分税制以前，我国的工业门类比较齐全，建成了比较完整的工业体系。工业的主导地位显著增强，轻重工业并举，主要工业产品产量大幅度增长，非国有工业异军突起；农业生产取得好成绩，农业机械从无到有，非农产业发展迅速；对外经济贸易迅速发展，利用外资初具规模；交通运输事业得到较大发展，邮电通讯辐射四方；科技事业生机勃勃，开发区建设前景广阔；城市建设步伐加快，城市面貌大为改观。长期困扰生产和人民生活的供水、供电、公共交通、排水、环境卫生等方面的问题得到了缓解，已形成主干道、次干道相配套的交通网络支撑体系。

3.2.3 "分税制"下的市级财政制度与区域经济

我国真正意义上的税收划分始于1993年下发的《国务院关于实行分税制财政管理体制的决定》，文件首次详细划分了中央与地方的财政支出明细和收入，将营业税（不含铁道部门、各银行总行、各保险总公司集中交纳的营业税）、地方企业所得税（不含地方银行和外资银行及非银行金融企业所得税）、地方企业上交利润、个人所得税、城镇土地使用税、固定资产投资方向调节税、城市维护建设税（不含铁道部门、各银行总行、各保险总公司集中交纳的部分）、房产税、车船使用税、印花税、屠宰税、农牧业税、对农业特产收入征收的税（简称农业特产税）、耕地占用税、契税、遗产税和赠与税、土地增值税统称地方税，并在各省成立地税局负责地方税的征收与管理工作。各省比对中央关于分税制财政管理体制的文件纷纷出台本省的市级财政管理体制文件，明确省级政府与市、县级政府收入划分体制，各省与市、县税收返还及支出责任。这也是市级财政体制第一次明确划分收入与支出原则。1994年，在全国范围内推行了分税制财政体制改革。其具体内容包括：按照中央和地方政府的事权，划分各级支出范围；按照财权与事权相结合的原则，合理划分中央与地方收入；中央财政对地方税返还数额的确定；对原体制中央补助、地方上解及有关结算事项的处理。分税制的财政体制在加强了中央的宏观调控的同时，确保中央政府与地方政府的积极性，保护各地区的既得利益，充分发挥了各地方政府促进经济发展的积极作用。但各地区仍处于一种非均衡发展的状态，各地区在固定资产投资、产业结构等方面还存在着一定的差距。

为缓解地区间差距，在20世纪90年代中期我国采取地区倾斜政策，在1999年提出了西部大开发的战略以发展西部地区，后来又确定了"十五"期间改造东北老工业基地等策略，促进西部地区快速发展、提升东北老工业基地的发展潜力、促进各地区经济协调发展。

市级财政管理体制在2001年12月国务院下发了《国务院关于印发所得税收入分享改革方案的通知》后得到逐步完善，2002年1月1日起，除少数特殊行业或企业外，对其他企业所得税和个人所得税收入实行中央与地方按比例分享。而后国务院以所得税分享改革为契机，于2002年12月下发了《同意财政部〈关于完善市级财政管理体制有关问题的意见〉》（以下简称《意见》）首次明确要求各省建立和完善市级财政管理体制，并要求各省废除原有按企业隶属关系划分收入的规定，以促进企业的公平竞争，平衡地区间财力，解决基层财政困难。各省在《意见》的指导下，集中于2002年、2003年密集出台了针对本省实际情况的关于完善本省财政管理体制的文件，主要集中在对企业隶属关系、所得税收入划分以及规范市级转移支付方面作出调整，并进一步明确了省、市间支出项目。

3.3 市级税收分成制度

我国省级、市级政府是典型的"中国式"分权，其与国外的联邦政府的联邦主义有明显区别：联邦政府具有制订税率和颁布税法的权利，而我国省级及市级政府并不拥有完全的税权，在政治上高度集权和财政上分权的中国式框架下，我国地方政府并不具备制订税收相关法律和制定税率的权利，其拥有的只是实际意义上的"征税权"。对于我国的市级各级政府与省级政府间财政收入分享也基本由省级政府制订相应的政策对照执行，市级各级政府并没有实际意义上的"话语权"。中央与各省级政府实行的是基本统一的一套办法，虽然市级财政体制受中央与省财政管理体制的影响，但各省的财政体制却"各式各样"且"各具特色"，且并不具备地域上的联系，因此可以说，市级财政体制并不是受地理因素影响，而更多的可能是与分税制时各省的经济财政状况有关。

3.3.1 地方税收分成制改革轨迹

在全国经济逐渐向好的大背景下，国务院发布通知，决定自1994年1月1日开始在全国实行分税制改革。在中央与省分税制财政体制框架确立后，各地按照中央要求，结合本地区实际，制定符合自身特点的省对下分税制财政体制。地方税收分成体制在分税制背景下呈现出变化频繁趋势。1994年，分税制改革，按税种划分地方政府收入；1997年，营业税和印花税分享改革，外资企业所得税变为中央税；2002年，所得税分享改革；2004年，省直管县财政体制改革；2014年，转移支付制度改革；2016年，增值税分享改革，事权与支出责任改革；2017年，改革完善增值税，以共享税为主的收入分配改革。分税制改革的大背景下，我国各地方政府紧紧围绕中央要求，制定市级财政税收分成体制，并在因素法测算和地区间利益调整方面做了有益探索。

首先，在收入划分方面。各地普遍做法是，除下划税种外，原地方税收收入级次基本不变，个别地区调整营业税划分办法。增值税上划中央，大部分地区将部分留归市县，少部分地区实行省和市县共享。中央下划和新开征税种大部分地区实行省与市县共享。

其次，税收返还增量的分配。多数地区将中央返还增量如数返还给市县，也有相当一部分地区的省级政府集中了部分增量，以提高省级财力水平。省级集中财权的办法主要是对各市、县通过统一调整返还系数进行，如将返还系数调整为按市县不同情况区别规定不同的返还系数和对中央的增量返还在省、市间总额分成数量。财政部分别于2006年和2009年出台《财政部关于进一步推进乡财县管工作的通知》、《关于推进省直接管理县财政改革的意见》，在进一步理顺省与市、县支出责任的基础上，要求各省确定市、县财政各自的支出范围，合理划分省与市、县的收入范围，市、县级政府不得要求对方分担应属自身事权范围内的支出责任。县级财政部门在预算编制、账户设置、集中收付、政府采购和票据管理等方面，对乡镇财政进行管理和监督。虽然省对市、县的收入划分基本维持不变，但此政策无疑使保障县、乡级政府财力、进一步理顺市级政府间事权划分及财政分配关系、增强基层政府提供公共服务的能力迈出了实质性一步。2013年12月财政部发文《关于调整和完善县级基本财力保障机制意见》，强调中央和地方实行分税制财政体制，市级财政体制主要由省级政府确定，依法界定市级各级政府的事权和支出责任。省级政府要取消按企业隶属关系（或出资额）划分收入的办法，采用按税种或按比例分享等规范办法，依法逐步清理对市级各级政府和各类区域的地方财政收入全留或增量返还政策，通过加大奖补资金支持力度、完善市级财政体制、健全激励约束机制等方式，为县级财政提供更好的保障。调控能力有限、保障任务较重的省，要通过调整市级财政体制适当集中财力。实施县级基本财力保障机制的责任主体为省级政府。贵州、江苏、山东等省份响应中央号召，相继出台了进一步完善本省财政管理体制的文件，改革内容主要集中在财政激励，发挥市、县发展辖区内经济的积极性，平衡区域间财力方面。

再次，原体制上解补助处理。多数地区比照中央对省办法，将原体制上解补助放在税收返还之外单独进行核算，体制上解继续递增、体制补助定额结算。一些地区作了适当调整，主要有重新测算收支基数，再核定上解、补助或税收返还数，将原体制上解或体制补助与税收返还相抵，核定税收返还数。

最后，对地区间进行财力调整。一些地区在制定对下体制时，对现存不合理的财力分配格局进行了适当调整。除按照中央分税制改革思路，在保证地方年既得利益的前提下，通过增量分配集中部分财力外，有些地区如江苏、广东、广西等打破地方年既得利益做法，对存量同样进行了调整。省级政府集中财力后，一般全部用于补助财力较弱的县市，一定程度扭转了原体制下不合理的分配格局。2002年1月1日起，除少数特殊行业或企业外，对其他企业所得税和个人所得税收入施行中央与地方按比例分享。而后国务院以所得税分享改革为契机，于2002年12月下发了《关于完善市级财政管理体制有关问题的意见》（以下简称《意见》）首次明确要求各省建立和完善市级财政管理体制，并要求各省废除原有按企业隶属关系划分收入，以促进企业的公平竞争，平衡地区间财力，解决基层财政困难。各省在《意见》的指导下集中于2002年、2003年密集出台了针对本省实际情况的关于完善本省财政管理体制的文件，主要集中在对企业隶属关系、所得税收入划分以及规范市级转移支付方面做出调整，并进一步明确了省、市间支出项目。

3.3.2 市级收入划分机制

自新中国成立以来，我国于1950年发布了《政务院关于统一管理一九五〇年度财政收支的决定》，正式建立了我国"统收统支"的财政管理体制。1994年分税制改革之前，1980年，国务院下发了《国务院关于实行"划分收支、分级包干"财政管理体制》国发［1980］33号文的通知，之后，我国各省（直辖市）与市财力分配按照经济管理体制规定的隶属关系进行税收分成，同时，明确划分中央和地方财政的收支范围，即：中央所属企业的收入、关税收入和中央其他收入归中央财政，作为中央财政的固定收入；地方所属企业的收入、盐税、农牧业税、工商所得税、地方税和地方其他收入归地方财政，作为地方财政的固定收入。经国务院批准，上划给中央部门直接管理的企业，其收入作为固定比例分成收入，80%归中央财政，20%归地方财政。工商税作为中央和地方的调剂收入。而1985年下发的《划分税种、核定收支、分级包干》

中第一次明确指出了省对地市的财政收入分成按照收入增长分档分成办法。各省辖市以上年为基期,扣除上交中央财政部分以后,其余部分按增长幅度分成三档:增长10%以下的,市分成比例为40%;增长10%~15%的,市分成比例50%;增长超15%以上的,市分成比例70%,第一次明确了省与地市分成比例。

1994年,国家下发了《国务院关于实行分税制财政管理体制的决定》,在建立中央税、地方税和中央与地方共享税的同时,明确了中央与地方收入和支出划分,也进一步上收财权,增强了国家财力与宏观调控能力。1994年以后,各地围绕分税制改革的要求建立了各省的财政管理体制,可以说"一省一制"①,不同地区的省对下税收分成制度"可谓"千差万别,由此建立了各省自成一派的各省对下的财政管理体制。我国市级财政管理体制一直沿用以省级政府为中心的省级政府自治模式,省级政府可垂直向下地与市、县级政府进行收入划分和支出责任摊派。上级政府对下级政府具有完全控制权,而下级政府则隶属于上级政府。五级政府间形成了四级关系:即中央对省,省对市、省直管县,市对县及县对乡的层层分级关系。分税制改革的背景是在中央两个比重②逐步下降的背景下提出的逐步集权的过程。中央政府通过1994年的分税制财政体制改革上收地方财权至中央,而后2002年的所得税分享改革和2009年成品油改革将企业所得税、消费税收入进一步集中纳入中央与地方分享范畴,而通过将增值税和消费税返还给地方给予补偿。

3.3.3 地方政府税收分成模式比较

地方税收分成制度是地方财政体制的主体,也是国家财政体制的重要组成部分,与中央、省级政府间规范的分税制不同,我国各省的市级政府间财政体制差异很大。

通过梳理省级政府对下级政府的税收分成模式的变迁,我们发现中央政府与各省级政府实行的是基本统一的一套办法,而市级政府间的收入划分形式多种多样,可以说是"一省一式"。通过整理目前我国地方财政体制改革文件,

---

① 张立承. 省对下财政体制研究 [M]. 北京:经济科学出版社,2011:36.
② 财政收入占GDP比重和中央财政收入占财政总收入的比重。

我们认为：我国现行地方政府税收分成主体形式可以分为税种分成、增量分成、总额分成、增量与税种分成相结合、隶属分成、增量与总额分成相结合六种。

（1）税种分成。即分税制以三个主体税种：增值税、企业所得税、个人所得税为分成主要对象；以耕地占用税、资源税、城市维护建设税、城镇土地使用税、土地增值税、房产税、契税作为分税的补充税种，按照各省的不同情况，由各省自行制订，按不同比例对税收收入进行分成。以分税种为税收收入分成主体形式的共22省，占总比的70.97%，税种分成是当前我国市级税收收入分成的主要形式。省与市、县级政府分成比例在10%~60%；税种分成中完全无地域差异的省份占税收分成所有省份的80.95%，按照区域与经济发展水平差异在省内按照不同比例划分的省份占所有省份的19.05%。

（2）增量分成。增量分成是仅次于税种分成被广泛使用的分成办法。增量分成指对增值税、企业所得税（含企业所得税退税，下同）、个人所得税、资源税、房产税、城镇土地使用税、土地增值税、耕地占用税和契税收入比核定的上一年度年收入基数增长的部分实行省与市、县收入共享。以增量分成形式划分收入的省份是河南、江苏、山东、湖北、浙江、辽宁六省，占全部省份的16.13%。其中山东省对各税种总额的增量部分按照省与市、县15∶85的比例分享；湖北省只对耕地占用税、资源税、城市维护建设税、城镇土地使用税、土地增值税几种小税种增量部分按省与市、县1∶9分享；其余四省均以主体税种的增量部分作为分享基础，江苏2008年"分税制"改革的实质内容建立在"总额分成"基础上，只对主体税收的收入进行了增量共享。《江苏省人民政府关于调整分税制财政管理体制的通知》中规定，"以2000年为基期年，核定各市地方财政收入基数和税收返还基数。今后比基数增长部分，省得20%。"《浙江省人民政府关于进一步完善地方财政体制的通知》中规定，"2003年以后，杭州及其他市、县（市）地方财政收入超过2002年收入基数的增量部分，省与市、县（市）实行二八分成，即省得20%，市、县（市）得80%。"对少数贫困县和海岛县作适当照顾。

（3）总额分成。即省级政府与地级市政府按照比例分享预算收入总额。

福建省自2002年以来,其市级财政体制一直未变化,采取总额分成的办法实行税收收入分成,福建省规定,除将金融保险业及高速公路企业营业税等作为省级固定收入,省级分成收入为各设区市级地方一般预算收入的20%(不含海域场地矿区使用费收入、专项收入),地级市政府分享80%。

(4)增量与税种分成相结合。该税收分成模式在税种分成模式中嵌套了增量分成,税种分成是基本主体,增量分成作为辅助分成政策。青海省就是以增量与税种分成形式划分收入的省份。青海省对本省的资源税和增值税进行分成,分成比例分别为5∶5和4∶6,而对企业所得税和个人所得税实行增量部分3∶7分成。

(5)隶属分成。按照企业隶属关系分成是企业所得税分享改革前企业所得税在中央与地方间划分的主要形式。在实行"分税制"的省份中,江西、贵州等省份仍然是按照企业的隶属级次来划分税收收入的,其余大部分省份均采用的是按比例分成的方式。

(6)增量与总额分成相结合。浙江省(除杭州之外)的城市采用增量分成2∶8的形式划分收入,而杭州则采用总额分成的办法。

在市级财政体制中,一些省份以实行主体税种的税收分成方式为主,对主体税种收入在省市之间进行了明确划分。浙江对各地一般预算收入超过核定基数的增量按一定比例实施省市分成;云南对昆明、玉溪、曲靖等收入来源主要城市超过核定的一般预算收入基数部分实行不同比例的集中;另一些省份以简单"分税"为辅,以财力结算体制为主;还有一些省份则继续沿用了财力结算体制。根据我国现行的市级税收分成体制数据分析,税种分成和增量分成为目前市级财政体制中税收分成的主体形式,占总数的87%;实行税种分成划分税收收入的省份占总数的71%,实行增量分成划分税收收入的省份占16%,而余下四种形式则分布较平均,除总额分成外的省份占总数的4%外,隶属分成、分税与增量结合分成和增量总额结合分成三种形式分别占总数的3%左右。

3.3.4 税收分成体制税种比较

目前我国各税种的市级政府与省级政府税收分成比例在50%~80%区间

浮动，且各税种分布较平均；各省均选择市、县级政府税收收入留存较多，省级政府留存较少。我国分为东、中、西部三个地区。东部地区包括：辽宁、北京、天津、河北、山东、江苏、上海、浙江、福建、广东、海南11个省、直辖市。中部地区包括：山西、吉林、黑龙江、安徽、江西、河南、湖北、湖南8个省。西部地区包括：内蒙古、广西、陕西、甘肃、青海、宁夏、新疆、四川、重庆、云南、贵州、西藏12个省、自治区、直辖市。对我国市级实行分税制财政体制的省份按不同税种进行划分。采用增值税省级分成的省份大都集中在西部地区，分成比例的中位数为8.75%；采用企业所得税、个人所得税和土地增值税省级分成的省份在东、中、西部分布比较均匀，分成比例的中位数为15%、15%和40%；采用资源税和城镇土地使用税省级分成的省份主要集中在西部，分成比例的中位数为35%和30%；房产税省级分成的省份集中在西部，契税和印花税仅在四川省作为省级分成税种。

按税种分成的省份基本以增值税、企业所得税、个人所得税为主要税种进行收入分享。其中，以流转税为主要分税对象的省份占比72.73%；以所得税为主要分税对象的省份比例为81.81%；以耕地占用税、资源税、城市维护建设税、印花税、城镇土地使用税、土地增值税、房产税、契税、环境保护税九大税种为课税对象的省份占总比为72.73%。具体如下：24个实行市级分税制财政体制的省份中有13个省份选择了增值税作为分税税种，省级分税比例幅度为5%~17.5%；17个省份选择了企业所得税作为分税税种，省级分税比例幅度为8%~24%；19个省份选择了个人所得税作为分税税种，省级分税比例幅度为10%~24%；8个省份选择了资源税作为分税税种，省级分税比例幅度为25%~75%；6个省份选择城镇土地使用税作为分税税种，省级分税比例幅度为30%~50%；4个省份选择房产税作为分税税种，省级分税比例幅度为30%~50%；3个省份选择土地增值税作为分税税种，省级分税比例幅度为20%~50%；1个省份选择契税和印花税作为分税税种，省级分税比例为35%。

因此，个人所得税是各省分税税种的首选，其次是企业所得税，实行市级分税制财政体制的省份中，有79%的省份以个人所得税作为分税税种，71%的省份以企业所得税作为分税税种，54.2%的省份以增值税作为分税税种，少部分省份选择了城镇土地使用税、房产税、土地增值税、契税等与房产有关的税种作为省级分税税种，一些资源丰富的省份还选择了资源税作为省级分税税种，根据各省的资源特点分布，以资源税分成为主的省份有山西、贵州、内蒙古、陕西、西藏和新疆。

3.4 地方政府税收返还体制

税收返还是指中央政府对地方政府上缴的税收收入给予一定比例的返还，为不挫伤地方积极性和保障地方既得利益采取的一项财力补偿措施，包括中央对各地区的增值税和消费税"两税"的既定比例税收返还、所得税基数返还以及成品油税费改革税收返还。其中，市级所得税返还划分办法规定，省与市县共同投资的联营和股份制企业所得税地方部分、分别按照投股比例被划转到省级和市县的收入当中去；由中央和市县共同投资的此类企业所得税地方部分被返还给市县收入；市县的企业和个人所得税收入均为市县收入。2017年，中央对地方的税收返还达到65650亿元①，虽然其无法直接被偿还到每个具体的纳税人身上，但是具有整体的返还性。

3.4.1 税收返还体制

长期以来，中央财政支出决算虽然一直将税收返还与转移支付一起统计，但名称上始终加以区别，并且税收返还在其中所占的比例逐年减少，由1994年的75%以上到2008年的不足20%，2007年中央对地方的转移支付体系明确不含有税收返还，2008年中央财政支出决算表第一次将税收返还单独加以统计。

1994~2014年，地方从"增值税和消费税"（以下简称"两税"）增量中所得到的返还比例从27%持续下降到4.2%，也就是说，长期来看，"两税"返还的设计对于地方财政来说，是增量累退的，"两税"增量中返还地方的越来越少。税收返还是"基数+增长"的分配方式，基数取决于分税制时各省

---

① 资料来源：财政部网站。

的"两税"规模。税收返还以来源地为计算依据,所有东、中、西部省市都能够得到。中央对地方划拨的税收按基期年如数返还,并逐年递增,这也就意味着,经济发达的东部地区缴得多也返得多,而经济欠发达的中西部地区缴得少也返得少。作为无差别的税收返还,考虑的不是各地的财源不足及各地差异,而是基于地方既得利益"从哪里来回哪里去"的就地返还。税收返还是一种维持地方既得利益的基数分配方法,但它并不是全额返还,而是基数加增量的部分返还。基数是指上一年的中央对地方税收返还额,增量返还则是各地区"两税"(较上一年)每增长1%,中央财政对该地区的税收返还增长0.3%。这0.3%的税收增量返还到了来源地的省而不会被再分配到其他省。例如,辽宁省对市(不含大连市)在实行5个税种共享体制的基础上,实行增长分成的激励机制。对各市征收的省本级共享收入,当年增长幅度超出市一般预算收入增长幅度的部分,由省财政给予30%的返还;对当年一般预算收入增幅高于全省平均增幅的市,按增量部分的5%由省对市通过转移支付给予以奖代补助激励。吉林省对市本级上划省的共享收入,当年增长幅度超出市本级财政收入增长幅度部分,省财政按超出数额的30%给予返还;对县(市)上划省的共享收入,当年增长幅度超出县(市)财政收入增长幅度部分,省财政按超出数额的40%给予返还。如果地方政府的"两税"增长率下降,结果只会是返还额的下降,地方政府如果不努力去筹集收入,短收的部分不会自动地通过转移支付得到弥补,中央政府也不会实施救助;相反,如果地方政府努力征税,它所额外征收的部分也会得到保留而不是被分配到其他地方政府。这意味着,地方政府的努力与其所应当得到的总收入成正比,征得多返得也多,不会对地方政府筹集自有收入造成负激励的效果。

从"两税"税收返还和"营改增"后税收返还的作用机理来看,二者是两种完全不同的分配方式。二者的共同之处是都有为中央政府筹集转移支付资金的目的,二者的不同之处是"两税"税收返还涉及基数和增量的返还,而"营改增"税收返还只涉及返还或上缴基数的核定且固定不变,既无税收增量的分享问题也不涉及以后年度的测算。其中,"增值税返还"和"营改增"后税收返还都是对同一税种即增值税的返还,只是二者的计算方法不同。为同一税种的返还分设两种税收返还类别实无必要。合理的选择是将二者合并后继续使用"增值税返还"科目，而对于"营改增""地方上缴"科目则可并入"地方上解"科目。

3.4.2 改革时间比较

1994年的"两税"返还。"两税"返还即为1994年分税制改革将原属于地方的消费税全部和75%的增值税上划给中央。1993年中央净上划收入，全额返还地方，保证现有地方既得财力，并以此作为以后中央对地方税收返还基数。1994年以后，税收返还额在1993年基数上逐年递增，递增率按与全国增值税和消费税的平均增长率之比1∶0.3确定，即上述"两税"全国平均每增长1%，中央财政对地方的税收返还增长0.3%。具体如，若1994年以后中央净上划收入达不到1993年基数，则相应扣减税收返还数额。2014年中央对地方"两税"返还增量部分为52亿元，地方的"两税"返还增量所得较少。

2002年的所得税返还。所得税返还的背景为2002年除铁路运输、国家邮政、中国工商银行、中国农业银行、中国银行、中国建设银行、国家开发银行、中国农业发展银行、中国进出口银行、海洋石油天然气、中石油、中石化企业缴纳的企业所得税全部属中央收入外，其余绝大部分企业所得税和全部个人所得税实行中央与地方分享。

2009年的成品油价格和税费改革税收返还。成品油价格和税费改革税收返还是因为燃油消费税的开征代替了地方原有公路养路费等六项收费，即为原属于地方的六项收费转变为中央的燃油消费税。

2016年的"营改增"后税收返还。为了完善财政体制中对"营改增"政策的调整，2016年4月29日，国务院下发了《关于印发全面推开营改增试点后调整中央与地方增值税收入划分过渡方案的通知》（以下简称《通知》），《通知》规定：核定中央返还和地方上缴基数，以2014年为基数，所有行业企业缴纳的增值税均纳入中央和地方共享范围。地方按税收缴纳地分享增值税的50%。中央上划收入通过税收返还方式给地方，以确保地方既有财力不变。

3.5 地方政府转移支付

转移支付制度作为财政制度中非常重要的部分，对于缩小地区间的财力差距、实现公共服务均等化以及增强地方财力等各方面的作用举足轻重。分税制改革以后，中央对地方政府的财政转移支付制度建立并日趋完备，而由于各省份自身情况各不相同，对地方政府转移支付没有构建起较完备的体系，仍处于不断实践摸索前行的阶段，缺乏一套统一完备的规范体系。由于自然禀赋、地理环境、人口密度、民族风情以及资源利用的禀赋等各个方面的不同，各省只能根据本省省情，仿照中央对地方的转移制度进行不断的完善。目前，我国改进了地方政府各项转移支付的分配和管理办法，初步形成了较为规范的地方政府转移支付体系。目前，中国形成的对地方政府多层次的转移支付体系，决定了中国地方政府转移支付既存在着相同点，同时由于各省省情和财政体制的较大不同，存在着地方政府转移支付的不同点。

3.5.1 地方政府转移支付的主要特点

第一，地方政府转移支付项目构成与中央对地方的相一致。地方政府转移支付参照中央对省级的转移支付，具体包含一般性转移支付、专项转移支付和税收返还三大类，而其中财政收入较富裕的地区还包含对上级政府的上解支出，转移支付制度能够缓解市级尤其是县级财政收支矛盾，实现公共服务均等化。一般性转移支付是为了调整地方各辖区的财力不均衡，依据各地区实际财力情况，由省级对下进行一定数额的转移支付补助，以达到调节区域发展不均衡、实现均等化的作用。均衡性转移支付作为其中占比较重的一个类型，很多地区都是仿照中央对地方均衡性转移支付的公式法核算拨付资金额度，拨款数额的大小都是由标准财政收支的差以及转移支付系数求得，并且地方政府仿照中央对省的一般性转移支付办法，一年制订一次。专项转移支付对于专项资金的使用方向和范围都有具体附加条件，不允许随意一般化地进行拨款，而是实行专款专用，使用具体用途是贴近民生与生活息息相关的一些项目，尤其涉及对财力薄弱地区的专款补助。税收返还是分税制改革以后，作为一项财力补偿措施，以实现不挫伤地方政府的积极性、保障地方应得利益所采取的方法，各种税收于各级政府间依据经济发展的程度进行一定比例的返还。

第二，向财政艰苦地区倾斜。中国幅员辽阔，各地经济发展不平衡，一些革命老区、少数民族偏远地区和贫困区的财政艰苦需要省级政府重点关注，需要通过设立特定的转移支付项目或者提高一般性转移支付系数等方式给予其更多的补助。湖南、甘肃、广西等省专门针对民族地区给予转移支付；海南、贵州等省对财力困难的辖区进行转移支付补助；广西、湖北等省出台了革命老区转移支付；内蒙古和广西等省（自治区）单独设置了边境转移支付，河北、江苏、吉林、广东等省区通过提高一般性转移支付系数的途径来向财政艰苦等地区倾斜；湖北省通过提高转移支付系数15%来对民族和财力困难县加大补助力度；广东省在实施最低财力保障机制时，对少数民族县另按编制人数500元标准增加补助。对于这些自身发展举步维艰的地区进行补助和政策上的倾斜，有利于实现全国基本一致的公共服务水平。

第三，建立最低财力保障机制。基层政府最为贴近群众和民生生活，负担着巨大的财政支出压力，然而自有财力却难以保障庞大的支出，基层政府财力往往入不敷出。四川、广东、山东等省份为了满足基层政府尤其是贫困县财政支出的需要，提出建立最低的财力保障机制来补齐财力缺口，并根据各省实际需求设定合理的最低标准，以满足基层政府日常行政良好的运作和供给公共服务等的需求。每个省份根据下级政府尤其是贫困县的实际发展情况，设定一个最低人均财力数额作为参考，根据现实发展中真实的数值与该参考标准的差额进行规定比例的补助，该政策也是向财政困难县的倾斜，每个省份自行设定标准和补助系数。如广东省在按照编制数计算县级和市本级人均可支配财力补助标准分别为10800元、15000元的基础上，对低于该设立补助标准线的市县，进行补助满足基本支出需求，预期达到全省人均财力水平，实现全省的统筹发展。

3.5.2 地方政府转移支付的不同点

第一，地方政府转移支付层次不统一。中国市级财政体制可以被划分为"省直管县"和"县管市、市管县"两种，那么市级转移支付也就对应着有

"中央-省-县"和"中央-省-市-县"不同层次的划分。尽管财政部在2009年推出《关于推进省直接管理县财政改革的意见》中提到，在2012年结束前，除了民族自治区以外，省直管县的财政体制能够被全覆盖地实行。然而由于民族地区还是实施着"中央-省-自治州-自治县"的四层级运作，因此中国县级转移支付层次统一仍旧无法实现。截至2014年底，全国23个省实施了省直管县财政体制的试点工作，有一次性在全省范围进行改革的，也有在全省范围进行分批分段试点的。"省直管县"财政体制改革在全国试点推进中，其中浙江省作为率先开始推行"省直管县"的省份之一，市级转移支付制度的有效实施决定了它的成功，预算内资金被省级和县级直接清算，对于经济发展较快的贫困县给予一定的财政补贴，以此来更好调动基层政府的积极性，省级政府利用有弹性的转移支付政策，设计"因素法"转移支付模型，既注重公平又关注效率，扩大县域自主权，合理调节省内各地区的财力差距，实现公共服务的均等化。这种制度创新使得政府层级变少，降低了成本，增强了县级财政自主权，有效缓解了县级财政的压力。

第二，地方一般性转移支付分配方法不同。我国地方政府一般性转移支付分配方法不同，现有的地方政府一般转移支付分配方法可以分为三类：标准收支法、最低保障法和激励约束法。标准收支法是采用最为普遍的一种方法，即按照公式转移支付额＝（标准财政支出－标准财政收入）×转移支付系数，分别确定标准财政收支水平和转移支付系数。我国选择标准收支法分配的省份（自治区、直辖市）有河北、山东、江苏、河南、湖北、湖南、海南、江西、山西、吉林、黑龙江、云南、广西、四川、陕西、宁夏、甘肃和青海；最低保障法是省级设立人均水平为参照，当市县低于这一参照时会至少补助到该设置水平，在选择最低人均水平时，各省会选择人均可支配财力、最低支出标准或者一揽子最低支出标准等指标。我国选择最低保障法分配的省份有内蒙古、安徽、福建和辽宁；激励约束法是通过确立省级对市县的财政增长比率，设立与其对应的返还比例，当市县达到所设立的标准时进行激励，反之按相应的比例减少转移支付数额。我国选择激励约束法分配的省份有浙江省和广东省。

三种分配方式在设计想法上存在明显的差异，标准收支法是在确定地方财力大小和公共支出需要的基础上，在标准支出大于标准收入的情况下会给予地方相应的补助,也就是缺多少补多少;最低保障法是通过设立一个最低的补助标准作为参照,设计补助封顶线,低于该参照的就进行补助,超过封顶线的话则不再补;激励约束法则对县(市)财政增收进行衡量,给予财政收入增长的激励奖励,反之则减少补助,以此调动基层政府发展的积极性并达到收支平衡的水平。

第三,建立的激励机制具有多样性。在市县财力自身能够维持正常运转的提前下,可以不断鼓励其提升收入且节约成本,对超过实现既定目标的市县给予激励性的转移支付,这样既能避免基层政府产生过度依赖,又能激发市县财政收入增长的积极性。江西、广东、河南、安徽、黑龙江、辽宁等省建立了转移支付和财政收入增长的关联机制,设定不同的关联项目和返还系数,激励市县发展经济、增加财政收入、提高收入质量。但在具体措施上各省间差别较大,浙江、重庆、四川、云南、甘肃等省建立了转移支付与财政收支平衡联动相关的机制。浙江省的"两保两挂"政策提出,市县在没有积累往年赤字并且本年财政收支能达到均衡时,激励补助会与该地区的财政收入增长情况相联动。吉林、湖南等省转移支付与财政供养人口相关,如吉林省选定整个省份县级财政供养的人口占总人数的比重为标准,当某一地区高于此县级平均标准时,按此平均标准来确定人数提供工资等支出。重庆、山东等省份单独设立激励性转移支付,如山东省比照中央财政"三奖一补"办法,设置专项资金来奖励那些增加了收入和及时偿还了债务等的财政困难县,并对产粮大县给予奖励。四川、江苏等省份对于那些预算收入超过一定标准以及享有一般性转移支付等条件的市县,会给予不同额度和比例的奖励,以此来激励市县更好地发展经济。

3.6 市级财政体制配套措施

以省、市、县、乡四个层级为主线的地方财政体系,构成了我国政府间财政管理体制的基础,市级政府承担着直接向众多大中型城市、小城镇和广大农村地区提供基本公共服务的职责。市级财政体制配套措施的实行直接关系到各级地方财政能力和运行状况的好坏,间接关系到基层政权建设、民生改善、城乡经济发展和社会稳定。

第3章 我国省对市级财政分权体制现状分析

1982年实施的市管县体制,尽管对于发挥城市经济的集聚效应产生了积极的影响,但其弊端也日益凸显。比如,一些已被中央和省下放到县的审批权限被市里截留,处在经济建设第一线的县的权利渐小而责任重大,权责不对等问题愈演愈烈。市管县后,县要接受市的领导,而市在财税分成、项目投资等方面优先考虑市区的发展,"市压县、市刮县、市吃县"的现象愈发严重。在这样的现实背景下,减少行政层级、提高行政效率、扩大县级财政自主权的改革呼声越来越高。2002年,省管县财政体制改革从浙江开始。所谓省管县,是指省、市、县财政关系由"省-市-县"三级模式转变为"省-市、省-县"二级模式,省对各县的各类专项补助和专款不再经过市,而由省财政直接分配下达到各县,实行"省直管县"。之后,改革在安徽、吉林、河南等省陆续展开,在2007年和2009年达到高峰。各省改革的措施虽略有差异,但主要内容涉及五个方面。一是统一收支划分。市级不得将应属于县级收入范围内的收入划归市级,不得以任何方式集中县级财政收入和资金,不得下放或转嫁应由市级承担的支出责任。二是转移支付、税收返还、所得税返还等项目由省直接核定并补助到市、县。三是市、县统一按照省级财政部门有关要求,各自编制本级财政收支预算和年终决算。四是建立省与市、县之间的财政资金直接往来关系,取消市与县之间日常的资金往来关系。省对各县各类专项补助和专款直接分配到各县。五是年终各类结算事项由省级财政与各市、县财政直接办理,市、县之间如有结算事项,须通过省级财政办理。

这项改革意味着政府层级的减少,省和县之间省掉市级政府,避免了可能存在的市对县的"盘剥"。省直管县财政管理模式能够更好地发挥省级财政在省辖区域内对财力差异的调控作用,有助于缓解县级财政困难,减少财政管理级次,降低行政成本。从各地方的实施情况来看,财政省管县改革加快了资金周转速度,省对县的财政政策措施可以直接传达到县级基层财政,而县级财政状况和问题亦会迅速反映到省里。当然,财政省管县改革既有取向合理的一面,也有部分实际效果低于预期的一面,诸如省级财政压力加大、市级财政权限和财力相对削弱、地方财政体制与行政管理体制不相匹配等一系列问题也随之突显出来。

2003年,安徽省在全国率先施行"乡财县管制度"。安徽省被视为该制度的起源。随后,在财政部的推动下,各地区不断探索创新市级财政管理方式,推进了乡财县管改革。2006年7月28日,财政部发出了《关于进一步推进乡财县管工作的通知》(以下简称《通知》),要求在全国范围内推进"乡财县管"的改革,浙江、宁夏等地率先开展"省直管县"改革。《通知》还明确了推进此项改革的必要性、推进范围和原则,并规定了主要内容和工作要求。乡财县管改革有助于集中和加强乡镇收入管理,控制和约束乡镇支出需求,统一和规范乡镇财务核算,遏制和缩减乡镇债务规模,提高县乡财政管理水平。并且,2005年,中央以缓解县乡财政困难为主要目标财政安排150亿元财政资金,建立了"三奖一补"(即对产粮大县给予奖励,对县乡政府精简机构和人员给予奖励,对财政困难县增加税收收入和省市级增加对财政困难县一般性转移支付给予奖励,对缓解县乡财政困难工作做得好的地区给予一定补助)县乡财政困难激励约束机制。此项政策的实施调动了省市财政向基层加大转移支付力度的积极性,对提高基层公共服务能力,保障基层政权运转发挥了积极作用。2010年9月,为进一步增强财力薄弱地区基层财政保障能力,财政部印发了《关于建立和完善县级基本财力保障机制的意见》,全面部署建立和完善县级基本财力保障机制。这一机制以"保工资、保运转、保民生"为目标,按照"明确责任、以奖代补、动态调整"的基本原则,由中央财政根据工作实绩对地方实施奖励。对于增强基层政府及其财政提供公共服务的能力,具有积极的作用。

  2010年以来的财政改革中,有多项措施是针对市级地方财政体制中存在的突出问题而先后出台的。其中,在发展县域经济的同时实施财政省管县改革、简化财政管理层级,便是这一系列措施中的重要组成部分;加强乡镇财政管理、实行乡财县管,在一定程度上缓解了部分乡镇的财政困境;财政部2010年出台的《关于建立和完善县级基本财力保障机制的意见》,对于增强基层政府及其财政提供公共服务的能力,具有积极的作用;此外,结合当地实际情况实施的地方政府间财政转移支付办法,也在许多地方逐步推开。

3.7 东、中、西部典型省份的"省对市"财政体制及其比较

  随着我国的经济发展,地方财政财权事权矛盾日益突出,省级财政分权是

省财政体制改革的重要方向,但各省政府目前较少选择省对市级财政分权作为财政体制改革的主要方向。因为,中国改革开放以来全国财政出现过"一统就死、一死就放、一放就乱、一乱又统"的局面,因此省级政府对于财政分权采取"谨慎"态度,财政分权会弱化省级政府宏观调控能力。本节我们选取中国典型的三个省(自治区)作为研究对象,研究不同区域的省对市财政体制。

3.7.1 福建省省以下财政体制

1. 1994 年分税制后福建省以下财政体制

福建省对市财政体制的发展和变化相对较缓慢,主要以多级财政共同分享主体税种或者税收收入分成体制为主,这也是我国省对市财政体制的主要特点,它促进了福建省的财政收入和经济发展,具有一定的贡献。

福建省一般预算收入中,省级财政比例在 1995 年没有很大的变化,然而地市级财政比例在短期内上升很快,变化幅度较大,体现了省级财政对基层财政的强控制力。此外,与分税制改革相配套的福建省以下财政体制改革也提高了财政收入占地区生产总值比重,自 1992 年以来,财政收入占 GDP 比重不断降低,从 1991 年的 11.24%[①]降到 1992 年的 9.6%,这种下降趋势直到 1997 年才开始缓慢回升,到 2011 年,这一比重达到 14.79%,创历史新高。这种以共享税种为主体的财政体制避免了包干制时期的财政收入占经济比重过低现象,并且使得上级对下级财政具有了较强的调控力,一定程度上保障了经济的稳定发展和上级政府的政策顺利实施。

1994 年,中央和省级实行分税制财政管理体制,福建省不得不对地级市财政、县市财政实行新的财政管理体制,但是该体制并没有调整地方各级政府之间事权,只是对财权和财力重新做了调整。无论是省对市,还是市对县,都是在 1994 年分税制背景下形成的财政体制,而 1994 年分税制的推进很大程度上是为了中央的财政集权,因此无论是省级还是地级,当时的财政体制都是为了本级财政对下级财政集权服务的。

---

① 资料来源:2011 年《福建省财政统计年鉴》,下同。

(1) 省级财权。"1、3、3"体制,省级财政按照税种集中的收入主要有:所有城市(包括地级市和县级市)增值税的10%、营业税的30%、所得税(包括国有、集体、乡镇、三资、股份制企业的所得税和个人所得税)的30%,即所谓"1、3、3"体制,从2000年起,省级财政将每年按"1、3、3"体制上缴增量的20%、土地增值税的40%、城镇土地使用税的20%、耕地占用税的20%、资源税的15%、罚没收入的20%以奖励性转移支付的形式返还给有关的市。按照企业集中的收入主要有:金融保险企业营业税;省属企业(包括省属股份制企业、外商投资企业、省供销社和省乡镇企业局直属企业)所得税;1998年1月1日以后投产的省投资的、省与外商或外省合资企业的增值税(扣除中央部分)、营业税、所得税、上缴利润;省税务直征分局和省外税分局管征的企业的增值税(扣除中央部分)、营业税、所得税、上缴利润。此外,省级财政还集中了省属单位的国有土地使用权有偿使用收入、省级基建贷款归还收入、上划中央"两税"增量的返还收入(自2000年起,省级财政将每年按1∶0.3返还留省数额增量的20%,以奖励性转移支付的形式返还给有关的县、市),等等。

(2) 地级市、县(市)的财权。地级市、县(市)的财政收入主要有:扣除上划中央财政和省级财政后的部分增值税、营业税、县(市)企业所得税、个人所得税、土地增值税、城镇土地使用税、耕地占用税、资源税、罚没收入、国有土地使用权有偿使用收入、县(市)国有企业上缴的利润、印花税、城市维护建设税、房产税、车船使用税、屠宰税、农牧业税、农业特产税、契税、市县级预算内自筹基建贷款归还收入,等等。

(3) 省以下转移支付制度。在2000年转移支付办法的基础上经过适当调整确定。主要将省级财政向市县的转移支付分为一般性转移支付和奖励性转移支付。此外还存在地级市与所辖县(市)、区之间的分税制财政体制。无论是省对市,还是市对县,都是在1994年分税制背景下形成的财政体制,而1994年分税制的推进很大程度上是为了中央的财政集权,因此无论是省级还是地级,当时的财政体制都是为了本级财政对下级财政集权服务的。

2. 2002 年福建省以下财政体制

财政体制调整的核心是通过调整增量和存量，让出一定财力，加大转移支付补助，便于各设区市统筹财力。现行福建省财政体制自 2002 年以来，虽然在某些财政管理体制方面略有调整，但是整体财政体制框架没有发生大的变化。这一共享税种财政体制从制度上要求地方政府必须不断创收，投身于财源建设，提高了地方的财政努力程度。上级政府的财政集权造成了下级政府一定程度的财政短缺，提高了各级政府发展经济的积极性。然而，这种财政体制并没有以法律形式予以规定，而是通过各级政府与上级政府谈判进行，因此该体制没有给予地方确定稳定的财政收入，下级地方财政必须不断发展，投身财源建设，组织财政收入，提高组织财政收入的努力程度，才能保证一级政权的行使。

2002 年，中央所得税收入分享改革对福建省各级利益分配格局产生较大影响，如继续实行现行财政体制，省市县三级财政增量配比将由 2002 年的 30.2%、32.2%、37.6% 变为 35.9%、29.9%、35.2%，省级财政份额将提高，市县财政份额将下降。因此，本次财政体制调整的核心有：一是通过调整增量和存量，让出一定财力，加大转移支付补助，并将一般性转移支付 6 亿多元列入基数，便于各设区市统筹财力；二是省级将增值税和部分营业税等稳定收入下划市县，同时，将中央下划的金融、证券、电力、烟草等行业的企业所得税、外资企业所得税和原省级三钢等重点企业所得税归省级；三是对设区市本级的一般预算收入增量部分，省集中 20%，使省级在财力让利较大的情况下，保持适度的经济调控能力。本次财政体制调整的主要内容包括：

（1）地方财政收入的划分。省级收入：①省级固定收入。金融保险营业税，个人利息所得税，金融、证券、保险、烟草、地方铁路、移动通信、高速公路等行业以及省电力公司所属企业和控股企业、炼油厂、三明钢铁厂等企业所得税，向省直和省直管单位征缴的契税、行政性收费、罚没收入，省属单位的国有资产经营及权益收入，其他收入，中央返还的 1∶0.3 比例收入。②省级固定分成收入。设区市级地方以及预算收入增量的 20%。市县级收入：扣除中央、省级收入后的增值税、企业所得税、个人所得税、资源税、固定资产投资方向调节税、城市维护建设税、房产税、印花税、城镇土地使用税、土地增值税、车船使用和牌照税、屠宰税、筵席税、农业税、农业特产税、牧业税、耕地占用税、契税、国有资产收益、行政性收费、罚没收入、其他收入。

(2) 收入划转基数的核定。收入划转基数按以下方法核定：市县企业所得税划转基数按其2000年地方企业所得税收入和2001年1~9月增长率计算核定；其他划转收入的基数按2001年实际数计算；按照各县2001年标准，人均财力不足1.03万元的差额部分调增体制补助。

3. 现行福建省以下财政体制

当前，福建省实施的省管县财政体制改革，是按照"主体省管、局部市管、适当分权"的管理模式进行的，财政体制改革内容主要包括以下几个方面。

(1) 省财政直接核定设区市和县（市）的财政体制，确定设区市、县（市）各自的财政收支范围，按照财政收支划分情况直接核定设区市、县（市）的财政收支基数。

(2) 转移支付、税收返还、所得税返还等由省财政直接核定并补助到设区市、县（市）；专项拨款补助由各设区市、县（市）直接向省有关部门和省财政厅申请，省财政厅会同相关部门将资金直接分配到设区市、县（市），同时将省对县（市）的转移支付和专项拨款补助抄送相关设区市。设区市对县（市）的转移支付和专项拨款补助直接由设区市下达。

(3) 设区市、县（市）统一按照省级财政部门的有关要求，编制本级财政收支预算和年终决算。设区市财政部门负责汇总市本级及所辖县（市、区）预决算后上报省级财政部门。

(4) 省与设区市建立财政资金往来关系，直接确定设区市的资金留解比例；县（市）仍与设区市建立日常的资金往来关系，各县（市）的资金留解比例仍由设区市确定。各县（市）金库按规定向设区市金库报解财政库款，设区市汇总后报省级金库。

(5) 县（市）可直接向省财政反映需要通过年终结算解决的问题，省财政对县（市）的结算补助直接下达到县（市），并抄送设区市财政部门。结算过程中的账务核对仍通过设区市办理。各县（市）举借国际金融组织贷款、外国政府贷款、国债转贷资金等，仍由设区市申请转贷及承诺偿还，未能按规定偿还的由省财政对设区市扣款。

实施省管县财政体制改革加快了财政资金的周转速度,提高了财政资金的使用效率,调动了各县(市)增收的积极性,增强了县(市)财政的自给能力和造血功能,县乡财政困难问题逐步得到有效缓解,县乡财政的保障能力和财政管理的水平不断提高,市县财政实现了平稳、有序、有效运转。特别是2002年明确了省对下财政体制省管县以后,福建省的县级经济财政得到快速发展,县级经济财政发展差异显著缩小。

3.7.2 福建省以下财政体制分析

3.7.2.1 基层短缺财政的形成

集权式共享税种财政体制由上级政府根据各地经济发展情况来确定,下级政府尤其是基层政府并没有多大的权限,只能不断适应上级政府作出的各种共享调整。因此,下级政府必须重视组织财政收入,以确保政府职能的执行。尤其是随着我国经济不断发展,我国城市化率不断提高,城镇居民占总人口已经超过50%,公众对公共服务的需求日益增强,这对财政支出民生化提出较高要求,而这种支出需求的不断强化与较弱的组织收入能力形成矛盾,促使地方短缺财政的形成,地方政府被迫选择非税收方式为财政创收。

财政收入较少尤其是税收组织能力较弱的地区须依靠其他手段,如行政事业性收费、地方政府债务等手段来弥补财政缺口,而这些收入无法在公共预算中反映,须通过预算外资金的膨胀得以实现,这很大程度上造成了政府的软预算约束,地方行政效率难以得到监督和提高。也正是地方政府的收入饥渴造成了土地财政的兴起,使得地方财政缺乏可持续性。

地方各级政府以组织财政收入作为第一要务,正是财政收入短缺的形成使得地方政府出现了很多越位和缺位现象,政府弥补市场失灵的功能更无法发挥,公共财政的发展遭遇"瓶颈"。

这一共享税种财政体制从制度上要求地方政府必须不断创收,投身于财源建设,为获得财政收入采取各种手段。

上级政府的财政集权造成了下级政府的财政短缺,提高了各级政府发展经济的积极性,使得地方政府力求财政收入的稳定增长。此外,这种财政体制并没有以法律形式予以规定,而是通过各级政府与上级政府谈判进行,因此该体制没有给地方确定稳定的财力，下级地方财政必须不断发展，投身财源建设组织财政收入。

横向和纵向分配的不均使得福建一些县市不得不通过其他收入形式组织财政，以满足不断增长的公共需求。最典型的表现就是收费管理杂乱、预算外资金的扩张和地方债务的膨胀等，地方政府财政表现出典型的短缺财政特征，越位和缺位现象随处可见，计划经济向市场经济的转轨遇到瓶颈，公共财政难以继续推进。

3.7.2.2 分税制无税可分

存在大额税种被中央拿走，地方行政级别过多，分税制无税可分的现象。我国的地方财政体制决定了只有税能够作为省级财政分税的主体税种，然而增值税无法作为地方税的主体税种，满足地方财政支出的需要。在财政收入中，增值税比重最大，但占比也不到20%，其他的地方财政收入形式主要是非税收入和上级补助收入。

从福建省目前的财政收入来看，税收收入仅为福建省财政总收入的一半，其余为非税收入和上级补助收入，此财政的格局显然无法深入推进分税制改革，各级财政仍然需要依靠上级补助收入等其他形式收入。

福建省一般预算收入中省级财政比例在1995年并没有很大的变化，然而地级财政比例在短期内上升很快，变化幅度较大，体现了对基层财政的强控制力。此外，与分税制改革相配套的福建省以下财政体制改革也提高了财政收入占地区生产总值比重，从图3-1可以看出，自1992年以来，财政收入占GDP比重不断变化，变化幅度最大的是从1997年的7.82%降到1998年的5.52%，一年之内迅速下降2.3%，一直到2011年才开始缓慢回升，并逐年增长，到2013年，这一比重达到9.02%，创历史新高。这种以共享税种为主体的财政体制避免了包干制时期的财政收入比重过低现象，并且使得上级对下级财政具有了较强的调控力，一定程度上保障了经济的稳定发展和上级政府的政策顺利实施（见图3-1）。

综上所述，福建省以下财政体制决定了政府职能和行为导向，一旦政府为了追求经济效益而忽略社会效益的实现，政府的各种行为会与公共财政理论要求的政府三项职能所背离。而解决这个问题的根源，并非在于给地方政府发行

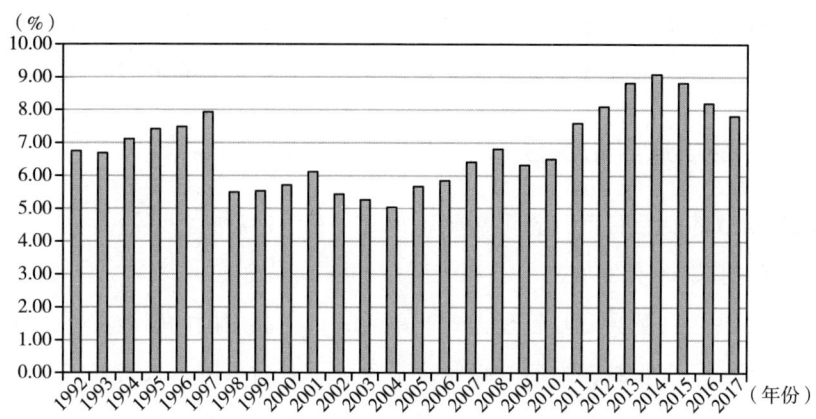

图 3-1 福建省财政收入占 GDP 比重

资料来源：福建省统计年鉴。

债务权限或者增加转移支付，而是应从根本上、从财政体制上着手解决，推行省以下分税制改革，从制度上保障各级政府的财政收入，才有可能使得政府真正转变理念，迈向公共财政。

3.7.3 广西壮族自治区区以下财政体制

地方税收按统计口径可分为大小口径。若按大口径划分，2013 年，广西地方税收入规模为 875 亿元，占财政收入的比重为 43.74%，占 GDP 的比重为 6%。近年来，地方税收入的平均增长率是 14.5%。小口径地方税仅指财政体制明确划分为地方税收的房产税、城镇土地使用税、耕地占用税、契税、车船税、资源税、印花税、烟叶税、土地增值税。1994 年，广西地方税收入 47.26 亿元，占全口径财政收入的比重为 75.91%，2013 年为 875.74 亿元，占全口径财政收入的比重为 66.46%，占 GDP 的比重为 6%。广西地方税收入（不含上划中央部分）总量排位逐步趋后，2006～2007 年，广西分别完成 225 亿元和 283 亿元，排在六省区第二位，仅次于云南，从 2008 年起，江西超越广西排第二位；2011 年，广西以 645 亿元排第三位，仅以 21 亿元的微弱优势排吉林前面。按照地方财政一般预算收入与地方财政一般预算支出的比值，计算财政自给率，广西的财政自给率在全国各省份中以及西部地区中处于较低水平。2011 年，广西财政自给率为 37%，2012 年，广西自治区的财政自给率为

39.1%，比最高的北京市低50.8%。全国排名第24位，西部排名第6位，说明广西经济发展在全国处于较低水平，财政收入水平低，财政收支压力大。

3.7.4 广西壮族自治区区以下财政体制分析

现行财政体制与自治区直管县改革耦合存在的问题：

1. 市与县财政竞争加剧，不利于区域经济协调发展

实行自治区直管县财政管理方式改革后，市与县之间的财政关系发生了微妙的变化：一是直管县在财政管理制度上免除了市对县的财政责任。我国目前的行政架构是"中央—省—市—县—乡"，在行政上市管辖县，使原本县政府的事权、财权都在市政府的管辖覆盖之下。二是"直管县"财政体制改革后把市县变成了平等的财政利益主体。虽然从行政级别上来说，市级要比县级高，但实行直管县后，市级财政与县级财政都各自直接与自治区财政发生关系。因此，从与自治区财政的关系来看，市县由过去的上下级地位变成了平行的关系，成为两个平等的财政竞争实体，形成相互之间的财政竞争局面。实行直管县财政改革后市县财政之间关系、地位的变化，不可避免会影响到市财政支持县财政的积极性，导致市财政与县财政之间竞争的加剧。具体如下：

首先强化市、县在财政收入上的竞争。市财政为了获得更多自治区财政资金，不惜与所属县进行财政竞争，而不会考虑到自治区财政可支配收入的有限性，多分配给了市财政就意味着将少分配给县财政。其次，形成市、县财政支出责任卸责竞争。市政府会倾向于利用职权将更多的原本由自己承担的事权下放至县，让县政府承担，以减轻市级财政自身的压力。最后强化市、县区域经济发展与财源建设竞争。市政府倾向于把科技含量高、优质高效的利税大户项目安排在市城区范围内，而把资源消耗量大、污染重、科技水平较低的项目安排在县域范围内，以使市政府自身能拥有更加深厚、优质的财源基础。

2. 自治区以下政府间财政收入能力与财政支出责任不对称，阻碍自治区直管县改革顺利进行

（1）从财政收入的对比来看，在自治区、市、县三层次财政体制中属市级财政收入总额最多。譬如一般预算收入，2017年整个自治区一般预算收入为1615.13亿元，其中：自治区省本级财政收入为342.45亿元，14个地级市

本级财政收入为699.55亿元,自治区的40个市辖区取得了250.96亿元,自治区的71个县(市)取得了322.18亿元;自治区一般预算收入中各层次政府的份额依次为21.20%、43.31%、15.54%、19.95%。上述资料可以体现出14个地级市本级财政一般预算收入在整个自治区一般预算收入中的份额最高,占比43.31%,比自治区省本级财政收入高22.11%,比自治区的71个县(市)财政收入高23.36%。地级市本级与城区合计计算的一般预算收入为950.51亿元,在自治区一般预算收入中的份额为58.85%,比71个县(市)一般预算收入在自治区一般预算收入中的份额高38.90%。

(2)人均财政收入比较,地级市及城区的人均财政收入遥遥领先于县(市)乡人均财政收入。2017年整个自治区的常住人口为4855万人,其中,市所辖区人口和县(市)人口分别为1875.12万人、3099.88万人,在自治区的常住人口中的份额依次为38%、62%,相差1.61倍,说明自治区县(市)及以下人口远超地级市城区人口。根据收入、人口测算,2017年市辖区人均一般预算收入约为5069元,县(市)人均一般预算收入为1070元,存有显著差距。

(3)从财政支出的方面看,县(市)财政所承担的事务比地级市本级与城区多。2010年,14个市本级与城区一般预算支出为4052.61亿元,分摊到个人为21612元,71个县(市)一般预算支出为2215.26亿元,分摊到个人为7146元。从人均一般预算支出方面看,71个县(市)大致为14个市本级与城区的33.1%。

3. 自治区对下转移支付制度体系调节功能不强,弱化自治区直管县改革目标

(1)转移支付体系混乱,功能不协调。自治区对下转移支付主要包括均衡性转移支付和各项专项转移支付。均衡性转移支付由财政部门管理、分配。目前转移支付体系混乱主要体现在各项专项转移支付上。由于各级政府的事权范围含糊,导致专项转移支付目标也不明确,转移支付力度与承担的事权不匹配,弱化了转移支付的功能;同时,各专项转移支付种类繁多、管理部门众多,除了财政部门外,教育、卫生、农业等许多政府部门也都掌管着一些转移支付资金,对这些转移支付资金有着管理分配的权力,形成了多头管理的局面,降低了管理效率。

（2）转移支付制度刚性不足，缺乏透明性。自治区对下转移支付种类繁多，多达几十项，对下转移支付标准有的是中央文件所规定的，有的是由自治区决定的。自治区在决定转移支付标准的过程中，都没有统一、客观的法律、规章对其程序、原则、目标、依据等进行规范，因而许多对下转移支付标准受人为因素影响随意性较大。

（3）转移支付资金使用绩效评价制度尚未建立。首先，从自治区到县乡各级财政部门的绩效观念不强。拨出资金的财政部门往往对所拨付的财政资金使用效果不关心。这导致了长期以来各级财政部门对财政资金的管理是一种粗放式的管理，普遍对财政资金使用绩效重视不够。其次，绩效管理制度建设滞后，约束力不佳。包括绩效评价的目标、原则、方式、评价结果的应用等方面都没有一整套完整、成熟的做法。

（4）对转移支付资金监督不力。随着改革的深化、财政职能的转变、公共服务范围的扩张、财政管理范围不断扩大、财政管理要求日益精细化、财政管理人力日趋紧缺，加上管理技术支撑跟不上形势发展的要求，长期以来，财政部门陷入了人少事多、管理力量不足的局面。

4. 市县财政关系藕断丝连影响县级预算统一、完整，加大自治区了直管县运行阻力

（1）自治区职能部门仍实行自治区对市、市对县的工作关系。除了自治区财政厅外，自治区其他一些部门如自治区农业厅、林业厅、科技厅、发展改革委等部门仍然实行自治区对市、市对县的工作关系。这些部门专项资金分配路径与自治区财政厅专项资金分配路径的差异，导致两者之间在资金分配速度、落实程度等存在差异，影响各专项工作的进度。

（2）县级财政收入目标任务仍列入市级考核目标。县财政跟之前一样，仍作为市财政的一个子单位统一列入市财政数据汇总平衡范围，仍是市财政数据的组成部分。市财政仍承担协助自治区财政督促所辖县（市）完成收入考核目标的责任。市财政对县财政完成收入目标仍不能撒手不管，仍承担着一定的责任，仍有责任去帮助县财政完成收入任务。

（3）市级仍承担着部分对县的支出责任。在支出方面，市财政原来对所属县财政承担的对有关的项目配套、资金补助等支出责任，在这些项目完成之

第3章 我国省对市级财政分权体制现状分析

前,仍然继续承担。这使得市对县在支出方面也具有重要影响。

(4) 市级与县级的财政往来要通过自治区中转。在没有实行自治区财政直管县之前,市县之间财政资金、指标结算等可以直接进行,在实行自治区财政直管县之后,这些都需要通过自治区财政厅间接进行。这无形中增加了自治区财政厅的工作量。

总之,市县财政原有的利益关系未随自治区直管县财政改革而相应调整,已经不能适应改革后财政运行的要求,成为对自治区直管县财政改革的阻碍,加大了自治区直管县运行阻力。

3.7.5 江西省省以下财政体制

3.7.5.1 1994～2007年的江西省省以下财政体制

江西省原财政体制是在1994年分税制改革时确立的。期间为进一步支持县域经济发展,增强市县加快发展的活力和动力,逐步缓解县乡财政困难状况,按照"微调体制,重在机制,增强活力"的总体要求,江西省对分税制财政管理体制进行了多次微调。

1. 收入划分情况

(1) 税收收入:按照省与市县区确定的分税制体制,省本级分享的税收主要包括:一是南昌卷烟厂、江铃、原省冶金集团所属企业缴纳的增值税25%部分;二是农发行和交通厅过路过桥费营业税及附加;三是省属企业缴纳的企业所得税40%部分;四是储蓄利息个人所得税40%部分。

(2) 公共财政预算中非税收入:一是教育费附加,随主体税种划分情况入库,设区市本级和市政府所在的区以及所辖城区城市教育费附加随增值税、消费税、营业税征收的部分,上解省15%。二是矿产资源补偿费地方50%部分全部入省库,年终结算返还市县地方分享部分的50%。三是探矿权采矿权收入地方分享的80%部分,省级分享45%,市县分享35%。四是排污费收入地方分享的90%部分,省级分享20%,市县分享70%。五是行政事业性收费、罚没收入、国有资源有偿使用收入、其他收入等按执收执罚部门隶属关系分级入库。

(3) 政府性基金收入:一是散装水泥、新型墙体专项基金收入入市县库,设区市本级收取的和非省直管试点县市上交设区市级的收入，按20%的分成比例上交省级，省直管试点县市收取的收入，按2%结算上交省级。二是文化事业建设费收入、地方教育附加收入入省库，下一年度省级按一定比例返还市县安排项目。三是新增建设用地土地有偿使用费收入全部入省库，年终结算全部返还市县。四是船舶港务费、小型水库移民扶助基金收入全部入省库。五是地方水利建设基金收入省级分享20%、市县分享80%；彩票公益金收入，省与市县各得50%；城市基础设施配套费收入省级分享10%、市县分享90%。六是育林基金收入入市县库，集体林省级政府按8%比例分成，国有林省级政府按10%比例分成，省得部分年终通过结算上解。七是森林植被恢复费按隶属关系分别入库，省级收入由省、设区市、市辖区按2∶1∶7的比例分成，省与直管县按2∶8的比例分成，市县所得部分年终通过结算返还。八是其他基金收入按隶属关系分别入库。

2. 支出责任划分情况

省级财政支出主要包括：省级行政管理费，省级安排的公检法司支出，文教卫生科学事业费支出，农林水和工交商及其他部门事业费支出，全省大部分粮食支出和政策性补贴支出，有关抚恤、社会救济、社会保障和省级其他支出。

市县财政支出主要包括：市县行政管理费，公检法司支出，市县文教卫生科学事业费支出，市县农林水和工交商及其他部门事业费支出，部分政策性补贴支出，有关抚恤、社会救济、社会保障和市县其他支出。

3. 省对市县财政转移支付制度

目前，省转移支付主要由一般性转移支付和专项转移支付构成。一般性转移支付主要包括均衡性转移支付、农村税费改革转移支付、调整工资转移支付等。

均衡性转移支付：主要按照各地标准财政收入和标准财政支出差额以及转移支付系数计算确定。凡标准财政收入大于或等于标准财政支出的地区，不纳入均衡性转移支付范围。

标准财政收入项目主要包括三部分：一是修正后的标准税收收入，对一般预算收入中的税收收入的核定引入激励机制，对发展快的予以鼓励，发展慢的予以鞭策，主要是对县市税收收入实际增长率高于或低于全省县市税收收入平均增长率的，按一定系数予以修正。二是非税收入，主要包括按照决算数据确定的专项收入、罚没收入、国有资本经营收入、国有资源（资产）有偿使用收入、其他收入等。三是省对县市的财力性补助收入，主要包括"两税"返还、所得税基数返还、一般性转移支付（不包含重点生态功能区转移支付）、专项转移支付，并剔除县市体制上解、专项上解等。

标准财政支出按政府收支功能分类支出科目计算。计算标准财政支出时，选取县市总人口等与该项支出直接相关的指标为主要因素，按照客观因素乘单位因素平均支出计算。对于难以选取客观因素、各地政策差异较大的国防、科学技术、资源勘探电力信息等事务，商业服务业等事务，国土资源气象等事务，粮油物资管理事务，住房保障、金融监管等事务等支出据实计算。

转移支付系数为当年实际转移支付资金占转移支付县市收支缺口总额的比例。

专项转移支付：多采取"因素法""基数法"等分配方法，并加强专项资金项目立项审批工作，严格专项资金管理与使用，加大对资金的监督检查力度，积极推进资金绩效考评工作。

4. 省对市县奖励激励政策

一是设立市县发展奖，按照"谁发展、谁受益，发展快、多受益"的原则，筹集4.2亿元资金奖励发展快的市本级、县（市）和开发区。二是设立财政收入上台阶奖，对财政收入超10亿元、20亿元等经济发展又快又好的县市区给予奖励。三是设立年度贡献奖、四率标兵先进奖等，支持各地发展工业。

按照江西省与市县区确定的分税制体制，省本级分享的税收主要包括：中央下划所得税中跨地区经营的企业所得税、南昌烟厂和省属冶金等企业所得税和储蓄存款利息所得个人所得税、省级其他企业所得税；地方分享部分；省冶金工业总公司所属企业和原包干财政体制单独交省的南昌烟厂、江铃增值的25%部分，省属其他企事业单位缴纳的其他收入。

市县固定收入：一是除去部分省级政府分享企业增值税外的增值税地方分享部分；二是储蓄存款利息所得、个人所得税外的企业所得税和个人所得税的中央与地方分享部分（除去省级政府分享企业所得税）；三是固定资产投资方向调节税、城市维护建设税、其他资源税、土地使用税、印花税、土地增值税、房产税、车船税、农业五税、市县企事业单位缴纳的其他收入。

如图3-2是根据江西省统计年鉴数据计算出的江西省2006~2017年地级市增值税分成比例的动态变化图。

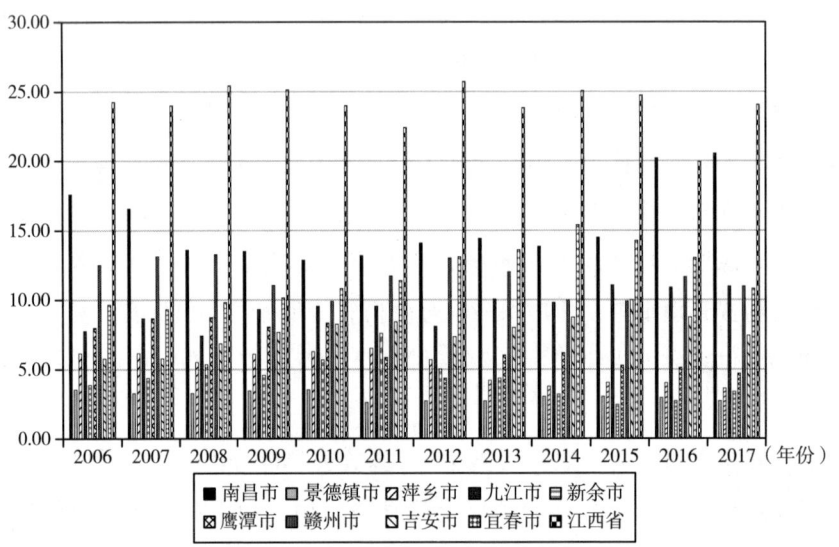

图3-2 江西省2006~2017年地级市增值税分成比例动态变化

资料来源：江西省统计年鉴。

观察发现，江西省本省的增值税平均分成比例接近25%，整体呈稳定趋势。各个地级市地区的观察值均值差距较大，如南昌市15.48%，景德镇市3.17%，9个地级市的均值为8.44%。通过增值税分成比例变化图可以看出，十二年来，市级地区增值税分成比例整体变动趋势是缓慢上升的，2016年出现快速上升的变化趋势，除此之外，相对于本省而言，地级市的增值税分成比例较高。

结合江西省财政体制的改革和变动，我们认为：第一，2004年市级地区增值税分成比例迅速下降的原因，可能在于2004年逐渐推广增值税转型改革，省级政府税收减少，随之加大对地级市地区增值税收入的抽取力度；第二，地级市的增值税分成比例平均高于本省的原因，可能在于本省的财政更为不独立，中央政府较易对其进行干预，因此其增值税更多地被中央政府抽取。

3.7.5.2 江西2017年的省以下财政体制改革

2016年5月1日起,中央全面推开营改增试点,并同步实施增值税收入划分改革。为对接中央改革方案、理顺省以下体制,江西省于2017年1月1日起对省以下财政体制进行了调整。首先,在保障市县既有财力基础上,理顺省以下财政体制,建立规范统一、明晰简便、易于操作的收入划分体系。其次,调动发展积极性。充分调动市县发展经济和培植财源的积极性,因经济形势变化、国家政策变动等引起的收入增减变化,按确定的收入分享比例,由各级财政共同承担。最后,推进基本公共服务均等化。财政体制调整后,省级政府主要通过转移支付加大对困难市县支持力度,提高基层民生领域的保障水平,见图3-3。

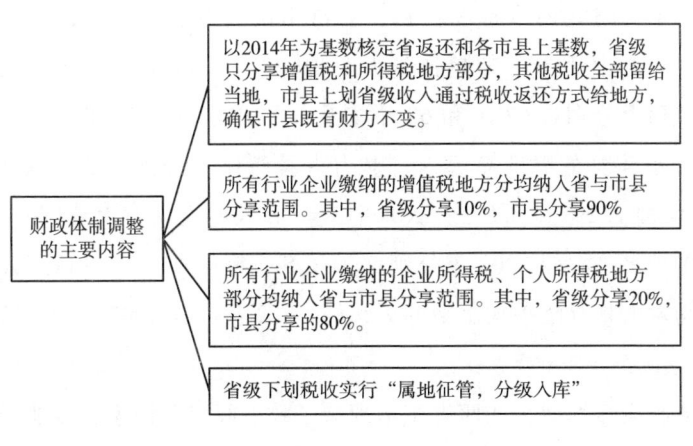

图3-3 财政体制调整内容

3.7.6 江西省省以下财政体制分析

随着经济社会发展,江西省现行财政管理体制存在的主要问题表现在:

一是省级政府新增可用财力不足,收支矛盾突出。江西省省级财力增量主要依靠南昌卷烟厂、江铃、省冶金集团所属企业、萍钢等几户单列企业的增值税,省属企业所得税,储蓄利息个人所得税以及年终结算上交省本级的税收,结构单一,依存度高,增长乏力,每年新增财力甚至不足维持本级刚性需求,从2009年开始,每年均需调用中央均衡性转移支付资金平衡省级预算。而随着近年来江西省公共财政体系建设步伐加快,省级政府每年新出台大量公共财政政策和民生工程,且在资金比例上负担了大头,资金量逐年增加,导致财权与事权不匹配,收支矛盾越来越突出,预算平衡难度加大。

二是省级财力比重逐年下降,宏观调控能力差。随着近年放权让利,以及大力实施公共财政政策和民生工程,新增财力向下倾斜力度加大,省级财力占全省比重呈逐年下降趋势。

三是县域间发展不平衡,贫富差距扩大。近年来,江西省财政不断放权让利,县级财政收入规模不断加大,但由于各地经济基础差距较大,加上在招商引资过程中竞争激烈,市县实际可用财力并没有较大增长,部分县市人均公用经费还停留在十年前的水平。尽管省级大力实施公共财政政策和民生工程,解决了许多历史遗留问题和迫切需要解决的困难,但由于大部分政策均按照客观因素算账,不与财政困难程度挂钩,县市不论财政实力强弱,负担比例均一样,导致县域间财力差异却越拉越大。2011年,100个县(市、区)中,财政总收入、财力分别有67个和62个未达到平均水平,较2002年分别增加5个和3个;十强县的财政总收入、财力占县级比重分别为27.7%和20.4%,较2002年增加1.2%和0.8%;人均财政总收入、人均财力分别有63个、65个未达到平均水平,较2002年分别增加了5个和4个;十强县的人均财政总收入、人均财力是县级平均水平的2.5倍、2.2倍,较2002年分别提高0.3倍和0.4倍。

在原体制运行期间,江西省基本理顺了政府间以及国家、企业与个人间的分配关系,财政收入保持稳定增长,在合理配置资源、调节收入分配、完善社会保障等方面都取得了较为明显的成效。但随着时间的推移,经济发展水平、地方产业结构等方面都发生了深刻的变化,进一步完善分税制财政体制,以及营改增试点后调整增值税收入划分,都要求江西省抓住改革"时间窗口",尽快调整省以下财政体制。一方面,按企业隶属关系划分税收的办法不适应省属企业规模集团化、资本多元化的形势需要,阻碍了税收合理划分及监控。特别是南昌烟厂、江铃、方大特钢、萍钢、新钢等省直接受益企业存在一事一议、一企一策的财政结算体制,十分繁杂,且不够透明公平。另一方面,营改增试点全面推开后,增值税成为地方第一大税种,占全省税收收入的40%以上,如果不相应调整省以下收入划分,将影响区域间既有财力格局,不利于调动市县发展特别是省财政直接受益企业的驻地市县积极性。

2017年实行新的省以下财政体制的前三个季度,江西省一般公共预算收入累计完成1797.3亿元,增长4.7%,考虑中央与地方增值税收入分成比例调整因素,同口径增长11.2%。税收收入完成2176.7亿元,增长14.2%,占财政总收入比重78.8%,较上年同期提高1.6%。全省一般公共预算支出累计完成4060亿元,增长21%。财政运行情况主要呈现以下特点:

一是收入水平和质量同步提升。江西省财政总收入运行平稳,增幅始终保持在8%~12%。一般公共预算收入增速呈持续攀升的态势,前三季度累计增长4.7%。同时,财政收入质量稳步提升,1~9月,江西省税收收入占财政总收入的比重达到78.8%,较上年同期提高1.6%;一般公共预算收入中税收收入占比达到67.4%,较上年同期提高0.2%。

二是税收增速较快,动能增强。1~9月,江西省税收收入完成2176.7亿元,增长14.2%,较上年同期提高5.3%,继续保持较快增长势头。其中,增值税、改征增值税、企业所得税和个人所得税等主体税种增势较好,累计增幅分别达到50.6%、140.6%、11.2%和37.5%,是税收收入实现较快增长的重要支撑。

三是市县发展提速。江西省市县财政总收入完成2663.2亿元,增长13.7%,增幅超过全省平均水平1.8%,比上年同期提高1.9%。江西省100个县(市、区)财政总收入完成1883.2亿元,增长15.8%,高于全省平均增幅3.9%,其中,75个县(市、区)财政总收入超过10亿元,同比增加5个。

3.8 财政体制比较

随着经济的不断发展,我国的地方政府财权与事权矛盾日益突出,省级政府财权划分逐步向基层政府倾斜。纵向链接上下级政府的地方政府税收分成制度从侧面反映政府间财政关系,而从横向上又体现着同级政府间的竞争与比较。因此,本节从纵向与横向两个维度对地方税收分成制度进行比较分析。

3.8.1 横向比较

3.8.1.1 分成体制存在新旧交织

当前我国市级财政体制并非完全意义上的分税制财政管理体制,且各地区财政体制存在着进程不统一、变革不彻底等问题,既包含分税制财政管理体制的成分,又存在历次财政体制改革沿袭下来的部分内容。目前的市级财政体制新旧交织,使得当前的市级财政体制改革"裹足不前",改革进程缓慢。"分税制"体制嵌套"包干制"。个别省份在分税制体制中采取递增上解的形式实行部分的税收收入"包干制",如湖南省和山东省分别于1994年和2005年发文《湖南省关于实行分税制财政管理体制的通知》和《山东省人民政府办公厅关于进一步完善市级财政管理体制有关问题的通知》,其中湖南省规定递增包干地级市按原规定继续递增上交省财政;山东省将济南、淄博、烟台、潍坊、济宁、泰安、威海、日照、莱芜等市的递增上解比例由5%降为3%。江西省目前仍采用企业隶属级次来划分税收收入。

3.8.1.2 体制创新与省际区域经济发展水平呈现正相关

我国目前的市级政府间税收分成方式呈现出区域差异化特性。按照东、中、西部划分,选择增量分成与总额分成两种税收分成方式的省份主要集中在东部,且属经济发展较具活力的区域。"一省一式"的财政体制在区域划分上存在着共性问题。如江西、贵州等中部、西部地区省份在财政体制上呈现出较落后的状态,与采用比例分成的方式不同的是,绝大部分实行"分税"管理体制省份仍然沿用1980年"划分税种、核定征收"的管理体制,即按照企业的隶属级次来划分税收收入。而东部地区及发达省份的财政体制改革次数和创新性做法多,与中、西部地区相较,改革更为彻底和全面。

3.8.1.3 省对区域内地级市税收收入分享存在异质性

各省对市、县基本按照统一的一套财政体制施行,可谓"一视同仁"。但部分省份在制定省对下财政体制时考虑个别地市、县具体情况差异,做出了增减各异的市与市之间的不同分成安排政策。从体制的变迁来看,省对下财政体制逐步"细腻化",减少了一刀切的方式。省级政府对辖区内财力不同的地级市（直管县）采取差别化对待，有效地激励和支持了个别贫困市县经济以达到均衡发展，政策制订向财政收入较低的地市、县倾斜。省级政府根据地市、县发展不均衡状况，对财政收入多的地区实行差异化的政策。重庆将主城区与其他城区进行"区别"对待，增值税、营业税及企业所得税、个人所得税、城市维护建设税、房产税由省级政府与主城区按比例 6∶4 分享，其他地区不参与分享；营业税和个人所得税由省级政府与其他城区共享，共享比例为2∶8。甘肃省也采取不同市区分享比例不同的措施，对于增值税采取差别化分成，省级政府只对兰州、嘉峪关、金昌、白银、酒泉五市进行税收分享，分享五市 40% 的增值税用于省级政府；对市、县的资源税分享范围和比例政策有所不同，其资源税按属地征收，各级按比例分享，其中兰州、嘉峪关、金昌、白银、酒泉五市及所属省直管县由省级分享 50%，市州、直管县由省级分享50%；其他市州及所属省直管县不参与分享，全部作为市县收入。海南省于 2012 年出台的《海南省人民政府关于进一步调整完善分税制财政管理体制的通知》中则将海口、三亚和其他市的分享比例采取逐步递减的分成比例，即将省与海口市分享比例改为省分享 45%、35%、25%。四川省 2009 年与 2014年出台省财政体制改革办法：省财政不参与对汉源县、宝兴县、兴文县三县增值税 25% 部分、一般营业税（不含金融保险营业税）、个人所得税地方部分、资源税、房产税、印花税、城镇土地使用税、契税八个税种的税收分成，扩展至不参与"三州"和内地民族自治县（含民族自治县）的企业所得税分享，并对主城区和一般城区采取不同的分享比例。

3.8.1.4　增收激励方式逐步多样化

部分省份为了激励市、县增加财政收入，在原有税收分成比例不变的基础之上建立增收激励，即省与地级市政府间税收分成的主体形式仍为税种分成，但辅助以多种增收激励方式等措施，其中包含增长总额分成、增长增幅分成返还及奖励补助等措施。浙江省在财政体制改革中对比其他省份的财政体制建立较为先进的方法，1994 年在全国率先实施了增量分成，而后 2003 年在增量分成的基础上，将原有省级固定收入并入杭州市，全部由杭州市税务部门组织征收管理，省与杭州市根据 2002 年各自所占的收入份额，按比例实行收入总额分享。且对地市、县实行"两保两挂""两保一挂"的激励政策和固定补助结合的补助方式,以激励市、县合理化地增加财政收入。

3.8.1.5 重点企业和重点行业的税收分成制度特殊化

个别省份挑选了本省重点发展的行业和纳税企业交纳让税收作为省本级固定收入,差异分成方式的对象选择如高速公路有限公司、石油石化、卷烟等本省的"利税大户"。如:云南省根据本省实际情况对卷烟企业的城市维护建设税施行差别对待:昆明40%、曲靖10%、玉溪25%;山东和青海分别将本省高速公路有限责任公司、基建股份有限公司集中缴纳的营业税、城建税及教育费附加收入作为省本级收入。山东省对中石化、2013年以后中石化胜利油田石油增值税和资源税收入比2012年基数增长部分,由省与产油区政府按照7∶3的比例分成;安徽对2002年起中央及省投资新建企业的企业所得税地方分享部分,由省级政府与地级市政府按照5∶5比例分成。

3.8.2 纵向比较

3.8.2.1 省级政府改革本省的税收分成方式为被动接收式

地级市政府基本隶属于省级政府,故在税收收入分成安排上没有完全的话语权,基本依照省级政府制订政策实行。在中央的垂直集中管理体制下,省级政府在制订市级财政体制和税收分成模式、比例及变革时均显"被动",基本依照中央的要求制订实施,省级政府主动修改本省税收分成比例的意愿偏弱,更多地是在中央财税体制变革后,相应地进行税收分成比例的调整,或是中央要求进一步完善或改革各省的地方财政管理体制后,各省才进一步修改。各省对市级财政体制的改革变化基本步调与中央要求保持较高一致性。各省自1994年以来,按照国家分税制财政管理体制的要求分别建立各省的财政体制,对省、市县财政固定收入、省、市县税收收入分成税收返还、非税收入及财政收入围绕国家财政改革方案。我国31个省、自治区、直辖市现行市级财税体制基本仍然沿用2003年、2004年制订的体制,而2003年、2004年也是市级财政体制制订的高峰期,其中黑龙江省则一直沿用1994年的老体制。以2010年为省对下财政体制改革的分水岭,沿用2010年以前的省财政体制的省份占54.84%,沿用2010年以后的省财政体制的省占比45.16%。各地税收分成改革时间主要集中在1994年、2002年和2010年,紧紧围绕着国家1994年下发的《国务院关于实行分税制财政管理体制的决定》、国务院 2001 年 12 月下发的《国务院关于印发所得税收入分享改革方案的通知》、财政部 2002 年下发的《关于完善市级财政管理体制有关问题的意见》和 2014 年财政部下发的《关于调整和完善县级基本财力保障机制意见》,明确各地要完善市级财政体制。各地省政府的财政体制变革方案也多以这几个国家文件为指导,由省政府制订本省的税收分享比例。

3.8.2.2 财政政策制订精细化

财政体制制订更趋细腻化。对区域发展不平衡、资源禀赋不同的地区采取差异化的税收分成管理模式逐步成为趋势。部分省级政府对民族地区、贫困县等采取帮扶等多项措施,具体如采用税收返还、奖补、不参与分成或省级政府参与分成比例降低等措施促进地方发展及平衡收支。(1) 激励措施逐步增加。原有的扁平化的市级财政管理体制带来的问题逐步体现,省级政府的税收返还按各地增长率 1∶0.3 左右施行增值税和消费税的两税返还。(2) 区域统筹发展,增加激励奖补政策。即省级区域内统筹发展,增加激励奖补资金,与各设区市对所辖县(市)年度财政补助资金挂钩,奖补系数比例分为两类三档。(3) 地方财政税收收入增长奖补机制。将全省各市、县(市)分为两大类,一类是欠发达地区(含部分海岛地区、少数困难市、县(市),下同),实施三档激励补助政策、两档激励奖励政策;另一类是发达地区和较发达地区,实施两档激励奖励政策。(4) 进一步划分了省与市、县政府的非税收入。部分省级政府增加了对政府非税收入的分成划分,要求各市也相应的制订本市财政管理体制,且具体划分市与各辖县收入与支出分成。

3.9 本章小结

本章主要通过梳理我国市级财政分权体制从"统收统支"时期开始,到"分级包干",再到"分税制"背景下的地方税收分成制度的变迁。为接下来介绍地方政府税收分成现状做好前瞻性准备,主要是从地方政府税收分成的模式比较和税种比较两方面入手,对我国市级税收分成现状进行了详细的分析,可得市级政府税收分成制度与中央、省级政府间规范的分税制不同,且各省的市级政府间财政体制差异很大。由于税收返还、转移支付制度为地方政府获取地方财政支出的主要源泉,本章通过对地方政府税收返还、地方政府转移支付现状的梳理,还分析了不同时期与地方政府财政变革相适应的市级财政体制配套措施,使得对市级财政体制制度变化的研究可以更加深入与透彻。可以看出,市级财力的横向和纵向分布格局不甚合理:从横向财力分布看,部分地区县级财力水平差距悬殊;从纵向财力分布看,省、市人均财力差距较大。因此,我国市级财政分权体制有进一步完善和调整的空间。

第 4 章

经济新常态下的市级财政体制改革特点

习近平总书记提出"从高速增长转为中高速增长,经济结构不断优化升级,从要素驱动、投资驱动转向创新驱动"为核心的"经济新常态";党的十八届三中全会《中共中央关于全面深化改革若干重大问题的决定》(以下简称《决定》)提出我国"全面深化改革的总目标是完善和发展中国特色社会主义制度,推进国家治理体系和治理能力现代化。这既是对改革开放40年来我国现代化建设成功经验的理论总结,同时也是应对我国在新的发展阶段所面临各种挑战的解决思路。习近平总书记对经济新常态和国家治理体系、治理能力内涵的阐述,表明了党和政府正在从思想上、行动上转变传统"管理"模式,由政府一元单向型管理,向政府、市场、社会和民众多元交互共治转变,这也正是国家治理体系现代化的必然要求。

习近平总书记在APEC会议上进一步指出:"能不能适应新常态,关键在于全面深化改革的力度。"而全面深化改革的总目标是完善和发展中国特色社会主义制度,推进国家治理体系和治理能力的现代化。因此,经济新常态是现代国家治理体系面临的经济大环境。在经济已进入新常态前,应通过现代国家治理体系完善促进经济进入新常态;现代国家治理体系应基于我国经济新常态要求,解决我国发展面临的诸多问题。我国的市级财政体制在经济新常态下也面临着诸多挑战。

4.1 财政管理体制新常态

面对经济增长新常态呈现的新特征、新变化,财政政策作为与货币政策

"并驾齐驱"的两大主要调节经济的政策工具,应转变原有行为方式,适应当前的新变化,更好地发挥调节经济、稳定经济的作用。财政政策包括收支管理职能、效能、规则等都应相应变化,以适应当前经济发展需要。财税部门是综合经济部门,财税政策是稳增长、调结构、促创业、扩就业的重要手段,是实施定向调控和区间调控的重要工具,在促进经济发展中起着举足轻重的作用。面对新常态,财税部门要树立底线思维和法治思维,适应市场化改革的要求,不断创新财税支持经济发展的方式,不断充实完善政策"工具箱",不断提升财税政策的精准性和实效性,以改革红利为经济发展增添新的动力和活力。

4.1.1 财政效能新常态

财政在工作效能上的新常态,应给予财政部门在政府资金方面的相对控制权,在预算运行中出现问题时应具有及时暂停甚至追回预算资金的权力。现有的财政机制一般讨论如何让财政资金更少地流失,以及将预算编制得更加细致,但再细致的预算,在执行过程中都会出现一定的偏差。财政是个"分钱"的部门,如果财政要"进化"成为有"管钱"作用的政府部门,就必须要有及时叫停的能力。现在财政效能中存在的最大问题并不是和预算部门之间的磨合,也不是与政府部门的沟通,更不是财政部门内部的研讨。因此,经济新常态下,应赋予财政部门在政府资金方面更多的控制权。

4.1.2 财政支出新常态

面对经济新常态,我国的省对市财政体制应加快支出进度,盘活存量资金。按照新预算法的要求,抓紧下达预算资金,及早落实具体项目和实施单位,及时有效地发挥财政资金在稳增长、调结构、促转型中的作用。建立健全长效机制,畅通从预算到执行、从政府部门到最终受益者的全过程的资金通道,打通资金落地"最后一公里"。全面核实存量资金基数,盘活用好存量,有效避免"资金供给不足与大量资金沉淀"并存的现象。对统筹使用的存量资金,制定任务清单和时间表,用于增加公共服务供给以及亟需资金支持的重大领域和项目。

第一，支出方向的新常态。财政支出长期偏向于基础建设领域和民生领域，因此，财政支出新常态的方向是在保证地方财源不受经济持续下滑影响的同时，持续增加民生方向的投入。第二，支出手段的新常态。在以往的支出手段中，财政通常以补贴的形式来促进和引导当地财源的发展。对支持地方产业发展发挥了一定的作用，但并非长久之计。按照投资方式划分，财政的投资模式与企业投资类似，也可以简单地分为资金、实物、技术及土地投资四类。而在财政支出手段中，近年来各地逐渐淡化资金投入手段，以技术支援型投资和土地投资两种代替原有模式。现有的技术支援型投资，地方财政应以与企业协定的方式保证研发成果不发生大量外流；在财政的土地投资方面，现多为"实物加土地投资"双轨模式。这种方式一方面极大地减轻了初创期企业的一些实际困难，也从客观上促成了一些企业的投机心理。因此，在形成"新常态"前，必须以严格的制度杜绝企业"打一枪换个地方"的恶性投机可能。在财政支出"新常态"中，必须改变以往许多地方财政"无为而治"的心理。财政资金不能像企业资金一样逐利，但也绝对不可草率而为。支出必追责，而且必追到底。第三，支出责任的新常态。各级财政、各级政府之间的支出责任划分需要继续按照支出责任传统"三原则"真正落地。一是适宜性原则。政府各项职能的本质属性决定了其在各级政府间的最合适配置。国防、外交等与国家利益密切相关，受益范围惠及全民的公共服务，应由中央负责；地方基础设施和消防等以特定区域居民为服务对象，受益范围限于某一区域的服务项目，则由相关地方政府负责。二是效率原则。地方政府更了解辖区内居民需求，凡是由地方政府处理行政效率更高的事务归地方，反之则由中央负责。三是法制规范原则。各级政府支出责任通过法律形式明确加以界定，同时，支出责任的调整应按照一定的法律程序，保持稳定性、规范性。财政部门与预算部门之间的支出责任划分。近年来，地方财政在财政支出责任划分的改变有目共睹，但由于跨部门、甚至是跨级别的支出责任划分，因此支出责任的划分应该更加细化。

4.1.3　财政规则新常态

一是地方财政政策个性化。一直以来，地方财政管理部门采用的管理方式通常为"一刀切"政策，无论是产业政策（如光伏、风力发电"一窝蜂"式政策），或部门指导型政策（强行规定地方财政在某项支出中须占财政收入或者GDP的百分比数额）等，政策存在一定适用边界，对于经济发展差异较大的国家来说，完善的政策落地时得到的结果也不可能完全是发挥正面效用。近几年，这种情况得到了较为明显的改善。地方未施行"一刀切"的财政政策，而是对其进行了相应的细化和规范。在产业政策等方面，地方不断地对顶层设计层面的政策进行"接地气"的细化。随着财政扁平化和地方财政个性化发展模式的深化，一些地区也在逐渐出台一些个性化十足的政策。二是精细化。现行的地方财税政策还远远不够精细，财政部门的工作正在不断细化，因此，很多原有粗放式的，模糊化的政策需要加以大幅度的改良。地方性的、试验性的、以部门为主制定核心的精细化政策，作为一种探索性政策，但距离适应"新常态"还有一些难题需要攻克。第一是顶层设计层面的严重滞后。无论是预算法的修订，还是其他财政政策法规的制订，现状多为"地方先行，中央跟上"。这种模式要求地方财政在探索过程中始终"摸着石头过河"。三是政策制定过程中的过度孤立化。由于地方财政整体信息渠道的不通畅，导致地方财政在探索过程中的信息匮乏，而部门型规则制定面临的这种困境尤甚。一些地方财政部门探索多年，才发现走了其他地区的老路，这种情况屡见不鲜。四是联合化。地方财政工作的顺畅程度，主要取决于地方财政和各预算部门以及地方主官合作的顺畅程度。财政在制定规则中的"新常态"，应该模糊财政部门的独立性，增加财政部门与其他部门之间的协同性，以期尽量前置在制度设计中有可能出现的部门间协同不畅问题，与其他预算部门甚至政府部门组成信息联合体，这才是财政部门作为预算部门中枢身份的"新常态"所在。

4.1.4　财政管理新常态

让财源回归市场，从财政管理的角度讲，应承认市场波动的存在，让财政从"分钱"职能真正回归到提供公共服务上来，而这样做对财政来说，无论是从管理角度还是从财政资金角度，也都是一种"减负"。这也应当是下一步财政在处理与市场之间关系中的"新常态"。省对市财政体制改革应考虑如何健全财政绩效系统,将财政绩效作为绩效系统的政府资源分配一环。财政部门和预算部门之间的关系,应当是公共部门内部在预算及其他财政事务方面的责权分工关系,对应预算部门在财政事务方面的责权分工关系。预算部门在财政事务方面要接受财政部门的统辖和监督,同时,对本部门预算资金分配使用,在遵循统一政策和制度规定的前提下有一定的自主配置权,并对本部门预算安排、执行和管理绩效承担责任。财政与政府,与预算部门,甚至与市场的关系是一个有机联系整体。牵一发而动全身。财政管理的"新常态",不仅仅是财政部门的新常态,而是整个地方政府,包括预算部门从"思"到"行"的整体改观。否则仅靠财政部门的独自冲锋,"常态"则遥遥无期。

创新支持方式,加快建立产业基金。产业基金改变了以往专项资金"点对点"的直接扶持和行政性分配,通过市场化运作,可吸引金融资本和社会资本增加投入,起到"四两拨千斤"的作用。而且,产业基金有利于增强财政资金统筹能力、提高资金使用绩效、防范并化解财政风险。地方政府应按照国务院和省政府的要求,深化专项资金改革,加快建立产业基金,形成省与市县共同参与、母子基金相互配套的良好局面,把基金优势最大限度地发挥出来。

坚持破立并举,用足用好财税政策工具。进一步发挥主观能动性,在依法合规的前提下,用足用好财税政策资源,将国家统一制定的税收等优惠政策落实到位。积极实施小微企业税收优惠等结构性减税和普遍性降费政策,切实减轻企业特别是中小微企业负担,更好地服务实体经济发展。进一步发挥高新技术企业所得税优惠、研发费加计扣除等"正向引导"和城镇土地使用税政策调整等"逆向调节"作用,撬动产业转型,强化创新驱动,提升经济发展的质量和效益。

4.2 新常态对我国市级财政体制的挑战

财政是国家治理的基础和重要支柱。近年来,随着经济发展进入新常态,我国的财政运行也进入了以财政收入中低速增长、财政支出结构优化、财政管理调整规范为特征的财政新常态。在经济新常态背景下,党的十九大报告进一步提出我国经济转向高质量发展阶段的战略目标。无论是经济的高质量发展，还是社会、文化、生态文明的高质量推进，都离不开高质量财政建设。

从财政上看，中国经济新常态四大特征对当前我国地方财政体制的影响主要表现为政府积极实施减税降费、扩债增支等政策，在激发经济内生动力层面取得了显著成效，但也积累了一定风险，如：财政收入减少、刚性支出增加、财政赤字扩大、地方政府债台高筑等诸多问题凸显。因此，如何认识和化解这些新常态下的财政挑战，进而实现财政与经济之间的良性循环，是当前我国政府面临的一项重要议题。财政新常态下，要准备好应对地方财政保障、地方刚性增长、地方债务风险、体制机构改革等艰巨任务的挑战，为将来实现两个百年奋斗目标注入源源不断的动力。

4.2.1 地方财力急需保障

地方急需加快经济发展、提高财政保障能力。我国经济发展进入新常态，对于经济发展基础差、底子薄的地区，一旦经济持续下行，财政收入进入个位数增长期，那么地方改变基础设施面貌、促进经济发展和增加民生投入的预期就将难以实现。由于财政支出长期偏向于基础建设领域和民生领域，接下来一段时间里的财政支出"新常态"的方向是在保证地方财源不受经济持续下滑现状影响的同时，持续增加民生方向的投入。为适应财政新常态要求，地方政府就必须充分利用协同发展战略部署，进一步优化地方财政收入、构建地方税体系、保障改善民生、推进公共服务均等化、完善财政财务管理，构建符合本省的高质量"省对市"财政格局。

4.2.2 地方可用财力增速放缓

地方可用财力规模增长缓慢、刚性增长无法保障。"营改增"税制改革从试点、扩围到第三产业全面展开，以及实行小微企业所得税优惠、简政放权取消行政事业性收费等一系列结构性减税降费政策，有利于加强中央集权，提高宏观调控能力，并为增加对地方的一般性转移支付奠定基础。但是，由于地方税体系尚未建立完善，地方政府可用财力规模基数仍然较小，相对较大的人口基数，民生支出的缺口始终存在。因此，公务员津贴补贴、事业单位绩效工资、公车改革、机关事业单位养老保险改革、城乡居民基础养老金提标、企业退休人员养老金提标、医疗保险提标、乡镇干部岗位津贴、县以下公务员实行职级分离工资制度、村干部待遇提标等民生增支政策要落实，资金无法保障，财政支出压力很大。

4.2.3 地方政府债务风险加剧

地方政府债务风险加剧，而政府投资需求吃紧。地方政府融资平台债务历年形成，已转化为一大批优质资产，但由于大多是对基础设施的无偿性投入，债务结构不合理，使用绩效不够高，面临着地方政府部门上项目的热情居高不下、融资平台偿债压力巨大和持续举债融资越来越难的局面。如果严格按照规定将地方政府性债务统一纳入政府预算管理，一旦债务偿还发生较大资金缺口，势必直接影响地方财政部门预算执行，影响社会稳定。

4.2.4 市级政府财政支出负担加重

一些事业单位迫切希望借道分类改革进入财政供给渠道。近两年来，地方政府对楼堂馆所和"三公"经费的管控卓有成效，但是，还有部分差额供给和自收自支的事业单位，仍以其承担的部分公益职能为由，致力于将自身纳入财政全额供给的范围。这与"财政供养人员只减不增"的要求背道而驰，迫切需要大力推进事业单位改制改革。地方政府出台的税费优惠政策与地方急需推进招商引资工作、吸引社会资本支持发展存在矛盾。各地出台的税费优惠政策对促进地方经济发展起到了一定的促进作用，但由于地区与地区、企业与企业之间的恶性竞争，某些税费优惠政策扰乱了市场秩序，影响国家宏观调控政策效果。按照清理规范税费优惠政策要求，削减地方政府在税收奖励、返还和财政支出安排上的管理权限，短期内势必增加招商引资工作的难度，也对落户企业的发展和政府信誉造成一定的影响。

4.3 本章小结

通过第 3 章对我国"省对市"级财政分权体制改革的回顾和梳理，发现财政体制需要适应经济发展新时期的变化,因此,本章对经济新常态下的市级财政体制面对的现实挑战进行了研究。要了解经济新常态下的财政体制改革方向,就必须先清楚新常态下经济的特点,经济增长速度从高速转为中高速;经济发展方式从规模速度型粗放增长转向质量效率型集约增长;经济结构从增量扩能为主转向调整存量、做优增量并存的深度调整;增长动力由要素驱动投资驱动向创新驱动转换四个方面总结了经济新常态下的经济变化特点。在解析中国经济新常态四大特征对当前我国地方财政体制的影响后,提出了我国市级财政在新常态下,需要准备好应对地方财政保障、地方刚性增长、地方债务风险、体制机构改革等艰巨任务的挑战。

第 5 章

市级财政体制与经济增长

5.1 "省对市"财政体制对财政支出的影响效应

我国是一个拥有中央、省、市、县、乡五级政权的发展中国家,多层级的政权框架构成了我国特殊的国情,也决定了我国政府间财政关系较为复杂(贾康,2005)。现代分税制认为:政府间收入责任的划分,必须像明晰产权一样明确税权的配置,只有明确各级政府税权才能合理有效划分税种和收支。自 1994 年分税制改革以来,中央与地方政府间财政管理体制逐步建立与完善,各省根据"省情",比照中央与地方间财政管理体制建立了本省的省对下财政制度,通过"税收分成"确立省级与地级市政府的固定收入、共享收入及分成方式,并对省级税收收入按照总额分成、递增分成及税种分成等模式在各级政府间进行划分。目前我国地方政府的财政分权的主体框架是:省级政府与地级市政府通过订立税收分成契约决定税收剩余索取权、税收风险及其他税权(吕冰洋,2003)。省级政府通过不断调整与地方间税权边界,以实现不同时期的财政目标,并形成了"各具特色"的省以下财政体制。因此,对地方政府税收分成展开研究,能够较好地从一个侧面反映地方政府间财政关系和地方政府与市场间财政关系,揭示省以下财政体制的"变化轨迹"。本书基于我国地级城市面板数据,通过量化省对地级市级政府税收分成变化的指标,并将样本分成发达地区、中等地区和欠发达地区,实证检验了其对地方政府财政收入、支出规模、地方财政自给及对经济增长产生的影响效应。

5.1.1 假说的提出

新财政集权理论（陶然，2009；张军，2012；Su et al.，2012；Zhang，2012）的提出，从理论上合理解释了地方政府在面对地方主体税种税收集权后地方政府的行为变化，及其对经济增长的影响效应。本书基于新财政集权理论，剖析在中国式财政分权特征下，以期挖掘地级市级政府面对上级政府税收分成减少，其基层政府行为与政府财政自给能力的变化。

5.1.1.1 税收分成激励对地方政府财政收入与支出的影响

"营改增"前，地方税的主体税种为增值税和营业税，多数地区的主体税种税收分成比例远高于其他税种在省级与地级城市间进行划分的比例。因此，对于地级市政府而言，税收集权所引致的地方财政收入水平下降较其他税种而言更加明显。省级政府地方税收集权改革政策的下发，使得主体税种在省级分成比例增加，而地级市级政府分成的比例减少。税收集权作为外生变量，对地方财政收入会造成较大冲击，直接导致地方政府面临三个选择：一是缩减财政支出规模缓解财政压力。二是增加财政收入努力。地级市级政府基于财政收入最大化的目标必然提高财政收入的努力水平。方红生、张军（2014）认为政府面对财政集权，偏好将财政收入最大化作为目标。三是面对税收分成减少带来的"财政压力"，地级市级政府可以选择调整预算内支出。由于预算内财政支出由各级政府划分，且机构人员、教育、医疗、卫生等支出很难短时期内调整与之匹配。因此，为维持原有财政收支平衡，相较于减少预算内财政支出而言，地方政府通过寻求各种途径以扩大预算外财政收入的意愿更强烈。综上所述，我们得出以下待检验的假说。

假说 1：面对主体税种分成的减少，地方政府相比减少财政支出而言，更偏好寻求其他途径扩大税基以扩大预算内财政收入，保证本辖区范围内的财政收支平衡。

5.1.1.2 税收分成激励对分地区财政支出的影响效应

上述假说并没有考虑地区的异质性问题，各地级市政府的资源禀赋、税源、税基不同，在面对税收集权产生的"财政压力"时，地级市级政府的策略反应不同，其结果也有所不同。发达区域与欠发达区域存在着显著的异质性，经济发达地区在经济政策、资源禀赋上具有明显优势，税收收入总量较欠发达地区多，面对税收集权其有充足的经济手段和丰富的资源调整扩大税基，通过增强税收征管努力水平、引入投资、扩大生产等方式维持原有不变的地区财政支出水平；相对而言，欠发达地区，其经济发展水平总体低下，面对有限的资源，不可能短时间内筹集财源，因此其支出总水平会呈现下降。

由此，我们得出以下待检验的假说。

假说2：税收集权减少了欠发达地区的财政支出总水平，而对于发达地区而言，其拥有充足的经济发展手段，税收集权并不会减少该地区的财政支出。

5.1.2 回归策略及数据说明

本书主要探究地方主体税种税收变化对地方财政支出的影响，验证本书提出的两个理论假说。选择地级市级政府主体税种税收分成作为研究核心变量的原因在于："营改增"之前，地方主体税种是地方第一大税种营业税，因此地方主体税种税收分成的变化对地方的财力影响最大，其对地方政府的行为影响也是最显著的。同时，也为当前"营改增"后及"减税降费"的改革效应研究提供相应的借鉴，以判断"财政压力"对"省以下"地方财力、政府行为及经济增长的影响。

5.1.2.1 回归策略

本书采用黄思明等（2018）回归模型进行实证检验：

$$y_{it} = \alpha_1 \times dbust_{it} + X\beta + \delta_i + \tau_t + \varepsilon_{it} \tag{5-1}$$

其中，被解释变量 y_{it} 为地区 i 在 t 年的财政自给率，本书利用各地级市一般预算收入除以一般预算支出计算获得。α_1 为相关系数，解释变量为 $dbust_{it}$，其计算公式为 $dbust_{it} = \dfrac{bust_{it} - 1 - bust_{it}}{bust_{it}}$，计算得出地级市 i 在年度 t 的地方主种税体变化的数值，$bust_{it} - 1 > bust_{it}$ 即上一期地方主体税种分成比例比本次改革的地方主体税种分成比例高。δ_i 为地区固定效应，τ_t 为时间固定效应，分别控制个体不随时间变化及不随个体变化的不可观测变量因素，ε_{it} 为误差项，$X\beta$ 为控制变量。

模型 (5-1) 主要考察地方主体税种的税收分成变化对地方政府财政自给率的影响效应，同时，去除其中税收发生分权的样本数据，保留税收发生集权的样本。本书保留以地方主体税种税收分成未发生变化的地级市作为控制组样本，将地方主体税种分成发生变化的城市样本作为处理组，观察税收分成变化对地级市政府的财政自给能力的实证效应，具体模型为：

$$y_{it} = \alpha_2 \times dbust_{it} + X\beta + \delta_i + \tau_t + \varepsilon_{it} \qquad (5-2)$$

各变量的含义同模型 (5-1)。

5.1.2.2 描述统计

为减少遗漏变量的影响，本书控制住其他对地方财政自给率的社会经济影响因素，具体包括人均 GDP、固定资产投资额、受教育水平以及城市化率等变量，其中，人均 GDP 和固定资产投资额在消除价格影响因素后取对数处理。此外，增值税税收分成变化也对地方财力产生较大影响，因此，本书也利用同样的方法计算了增值税税收分成变化变量 $dvat_{it}$。

本书选择在地级市层面研究税收分成变化的影响。由于 2012 年的营改增试点改革可能影响主体税种税收分成，为此本书选择了 2011 年的数据样本，而地级市财政自给率初始数据起始于 2003 年，因此，本书的最终样本为 2003~2011 年地级市样本数据。本书核心解释变量来源于中国各年各省财政体制关于各地级市地方主体税种税收分成的数额及其变化的规定，增值税税收变化变量也来源于此。

各控制变量数据来自 CEIC 数据库。表 5-1 为各变量的描述性统计结果。

表 5-1　　　　　　　变量的描述性统计

变量名	变量含义	均值	标准差	最小值	最大值
$frate$	财政自给率：一般预算收入与一般预算支出比	0.489	0.227	0.046	1.256
$bust$	营业税分成状态	0.809	0.184	0.250	1
$dbust$	营业税分成变化	0.006	0.065	-0.800	0.400
vat	增值税分成状态	0.206	0.050	0.063	0.250
$dvat$	增值税分成变化	0.002	0.083	-1	0.7
$lnrgdp$	人均 GDP 取对数	1.974	0.958	-0.714	5.251

续表

变量名	变量含义	均值	标准差	最小值	最大值
lninvest	固定资产投资取对数	8.196	1.054	5.443	11.277
edu	受教育水平，高等学校在校生数占总人口比	0.013	0.018	0	0.127
urban	城市化率，城市人口占总人口比	0.335	0.172	0.062	1

5.1.3 回归结果及机制分析

5.1.3.1 基准回归结果

本部分主要报告根据模型（5-1）得到的实证回归结果，对主要实证结果提出相应的理论解释，并对此进行相应实证检验。表5-2报告了地级市地方主体税种税收分成变化对地方财政实际状况的实证效应。其中，第（1）、第（2）列分别报告了当期和滞后一期的地方主体税种分成变化对地方财政自给率的影响，第（3）列为将各期地方主体税种分成的变化状态放在一起进行回归的实证结果（见表5-2）。

表5-2　地方主体税种税收分成对地方财政自给率的实证效应

自变量	$frate$ （1）	$frate$ （2）	$frate$ （3）
dbust	0.259*** (0.061)		0.264*** (0.061)
ldbust		0.036* (0.021)	0.042** (0.021)
dvat	-0.247*** (0.074)	-0.019 (0.057)	-0.244*** (0.074)
lnrgdp	0.139*** (0.037)	0.133*** (0.037)	0.139*** (0.037)
lninvest	-0.007 (0.014)	-0.010 (0.014)	-0.007 (0.014)

续表

自变量	$frate$ (1)	$frate$ (2)	$frate$ (3)
edu	0.718 (0.645)	0.744 (0.648)	0.714 (0.645)
$urban$	0.075 (0.090)	0.057 (0.091)	0.077 (0.089)
年份固定效应	是	是	是
地区固定效应	是	是	是
R^2	0.106	0.092	0.108
样本量	1804	1804	1804

注：括号内为地级市聚类稳健标准误，* 为 $p<0.1$，** 为 $p<0.05$，*** 为 $p<0.01$。

从表5-2第（1）列可以看出，与我们的以往经验不同的是，地方主体税种税收分成的减少在当期显著促进了地方财政自给率的上升，而非降低了地方财政自给率。同时，滞后一期的地方主体税种税收分成也表现出相同的趋势，即滞后一期的地方主体税种税收集权也在10%水平上显著提高了地级市的财政自给率。在各变量综合回归结果中，这一结果也具有稳健性，当期及滞后一期的地方主体税种税收集权能够显著地改善地方财政状况。

5.1.3.2 影响途径及解释

途径分析一：税收集权与地方财政预算收入及预算支出。

与之前预期相反的是，主体税种税收集权对地方的财政状况有了促进作用，即当上级政府降低地级市财政来源时，地级市政府的财政状况反而得到好转。为了获得其中的机制途径，本书首先将财政自给率分离，分别考察了主体税种税收集权对地级市一般预算收入和一般预算支出的影响。实证结果如表5-3所示。其中，第（1）~第（3）列的被解释变量为地级市一般预算收入，第（4）~第（6）列的被解释变量为地级市一般预算支出。

从表5-3可以看出，从t值的10%水平判断，主体税种税收分成的变化对地级市财政收入与支出均没有显著的影响。从表5-3的第（1）~第（3）列

表 5-3　　　　主体税种税收集权对地级市收入和支出的实证效应

自变量	rev (1)	rev (2)	rev (3)	exp (4)	exp (5)	exp (6)
dbust	4979.168 (4610.983)		5134.788 (4635.974)	389.984 (4801.236)		423.826 (4838.265)
ldbust		1239.166 (808.594)	1346.591 (829.419)		283.974 (909.601)	292.841 (939.278)
控制变量	是	是	是	是	是	是
时间固定效应	是	是	是	是	是	是
地区固定效应	是	是	是	是	是	是
R^2	0.420	0.419	0.420	0.630	0.630	0.630
样本量	1804	1804	1804	1804	1804	1804

注：括号内为地级市聚类稳健标准误，* 为 $p<0.1$，** 为 $p<0.05$，*** 为 $p<0.01$。

可以看出，对一般预算收入的回归系数的 t 统计量均大于 1，且其系数较大，而第（4）～第（6）列中对一般预算支出的回归系数均显著小于对应第（1）～第（3）列中的估计系数，且其 t 统计量也过小，这可能是来自于"省对市"主体税种的税收集权对地级市财政的直接影响，即对一般预算收入具有一定的促进作用，而对一般预算支出的作用不明显。

途径分析二：税收集权的分地区财政影响效应。

得到上述解释需要进一步的证据支持。由于主体税种主要属于对应第三产业的税种，其发展严重地依赖于经济发展水平以及地方资源禀赋情况，对于欠发达地区而言更是如此，这些地区政府在应对税收集权时没有足够的条件来发展第三产业，因此难以增加其一般预算收入规模。为此，有必要对不同经济发展地区的税收集权效应作进一步的探讨。因此，本书根据各地级市 GDP 规模，将地级市样本分为经济欠发达、经济中等以及经济落后地区三类，并进行分样本回归，以观察主体税种税收集权对这些地区的财政状况的具体影响。同时，在处理样本过程中，为了减少税收集权对 GDP 可能产生的反向因果效应，本节选择按照 2003 年各地级市的 GDP 规模进行分类，以观察具体的效应。分样本回归结果如表 5-4 所示。

表 5-4　不同经济发展地区的分样本回归结果

自变量	经济欠发达地区			经济中等地区			经济发达地区		
	frate (1)	rev (2)	exp (3)	frate (4)	rev (5)	exp (6)	frate (7)	rev (8)	exp (9)
dbust	0.234*** (0.050)	687.59 (778.19)	-2023.6* (1141.8)	0.307*** (0.092)	-847.83 (1323.9)	-6875.0*** (2201.2)	0.368*** (0.102)	11216 (17477)	1018.5 (18460.2)
ldbust	0.021 (0.032)	-64.200 (270.50)	-554.89 (466.56)	0.014 (0.037)	-648.2** (257.6)	-1605.8*** (591.2)	0.100*** (0.036)	2233.7 (2601.9)	-225.33 (2517.9)
控制变量	是	是	是	是	是	是	是	是	是
时间固定效应	是	是	是	是	是	是	是	是	是
地区固定效应	是	是	是	是	是	是	是	是	是
R^2	0.118	0.676	0.850	0.162	0.810	0.892	0.177	0.612	0.712
样本量	611	611	611	617	617	617	567	567	567

注：括号内为地级市聚类稳健标准误；* 为 $p<0.1$，** 为 $p<0.05$，*** 为 $p<0.01$。

表5-4中，第（1）、第（4）、第（7）的被解释变量是财政自给率，第（2）、第（5）、第（8）的被解释变量为一般预算收入，第（3）、第（6）、第（9）的被解释变量为一般预算支出。各列回归结果是将各期主体税种税收分成变化变量合并回归得到。

从表5-4的分样本回归可以看出，主体税种税收集权对不同经济发展水平地区表现出不相同的效应，且具有明显的趋势。第一，对经济欠发达以及中等地区而言，主体税种税收集权仅在当期提高了其财政自给率，在滞后一期没有明显的效应，且其系数低于发达地区；第二，对于欠发达地区而言，主体税种税收集权并没有提高一般预算收入，甚至显著降低了其一般预算收入，如对于经济中等地区而言，滞后一期的主体税种的税收集权显著降低了其一般预算收入，而发达地区并没有发现抑制效应，其回归系数均为正值；第三，在欠发达地区，主体税种税收集权显著地降低了其一般预算支出，而这一现象在发达地区并不明显，这也使全区域的回归结果并不显著；第四，对于欠发达地区，主体税种集权显著减少了一般预算收入和支出，但支出规模减少得更多，这使得欠发达地区的自给率有所上升。

根据以上实证回归结果可以看出，主体税种对地级市的财政自给率的影响途径并不一致。对于欠发达地区，主体税种税收集权减少了其一般预算收入与一般预算支出，欠发达地区面对税收集权时，减少了地方政府的财政收入，使得地方的可用财源下降，为了应对这一状况，地方政府将更大程度地降低其财政支出，最终实现了财政自给率的上升。但对于发达地区并非如此，发达地区拥有足够的经济条件应对主体税种集权的影响，能够通过发展本地经济以保证较为充分的税源，实现财政收入的稳定增长，因此，其财政支出并不需要相应作调整。

通过分样本回归，我们认为，不同经济发展水平的地区应对税收集权的方式不一，税收集权对地方财政状况的影响效应存在明显差异，欠发达地区无法通过发展本地经济维持财政状况保持不变，而对于发达地区而言，其拥有充足的经济发展手段，因此，这些地区不需要减少财政支出，便能够维持本地的原有财政状况。可以说，发达地区应对主体税种税收集权的策略反应更加积极有效。

5.2 市级财政体制与经济增长

工业经济是国家发展的根基,是供给侧结构性改革的关键所在。近年来,随着全球经济进入深度调整期,重振以制造业为核心的实体经济成为经济竞争的焦点。党的十九大报告明确要求,建设现代化经济体系,必须把发展经济的着力点放在实体经济上。我国的工业经济在过去的40年里得到了快速增长,学者们围绕着"增长之谜"展开了研究,研究者们普遍认同地方政府在工业经济发展中发挥重要的推动作用,地方政府的"援助之手"扶持本地工业企业发展、吸引外部资金,甚至"指挥"企业投资和经营管理。

"激励"地方政府努力推动工业经济建设的根源,学者们把其归纳为做大"税基蛋糕"而形成的"财政激励"。财政激励理论认为,地方政府发展经济的强烈意愿来自可支配性财政收入的增加,财政激励能有效地克制地方政府对企业的"攫取之手",将财政资金投入基础建设,推动经济增长;相比较而言,"财政激励"遏制了政府间区域合作,引致的努力水平较"晋升锦标赛"(周黎安,2008)而言显得更高,财政分权框架下,政府为了最大化的实现自身利益而选择将社会福利最大限度放大(乔宝云,刘乐峥,尹训东,过深,2014)。

关于税收集权效应的讨论在学术界由来已久,学者们聚焦"税收集权",研究推动地方政府发展经济的诱因。学者们普遍认为,1994年的分税制改革有效地促进了经济增长,极大地增强了我国的宏观调控能力与收入再分配能力,是充分的税收集权激励经济增长的经验证据(李永友,2014)。新财政集权理论认为,地方政府的税收集权有效地激励地方政府为追求财政收入的最大化而展开蒂布特竞争(陶然,2009)。目前的文献多基于省级层面探讨税收集权对企业的影响效应,而来自地级市政府税收集权激励效应的经验证据比较匮乏。分税制改革后,71%的省级政府对其辖区内的地级市政府主体税种的"税收分成协议"进行了多次调整,调整的方向基本为"税收集权",这无疑为我们研究地方政府税收集权对工业企业发展产生的影响提供了契机。

目前，关于地方政府税收分成激励效应的研究中，谢贞发等（2016）实证检验了省级政府与地级市政府的增值税、营业税税收分成的变化分对第二产业、第三产业的影响，以及对地方政府产生的财政激励效应。席鹏辉等（2017）使用省以下地方政府的税收分成数据对工业企业的污染展开研究，指出地方政府将尽可能确保税基的扩大，在这一过程中容易以牺牲环境质量为代价。本节的贡献主要有以下几点：首先，提供了税收集权效应在地级市政府层面的经验证据，本节选择地级市政府税收分成比例作为税收集权指标，有效地避免了以往税收集权指标的内生性，利用地级市政府面对的税收集权考察税收集权对地级市政府产生的激励效应。其次，从宏观层面考察税收集权对工业企业规模与主营业务收入等指标的影响效应。基于此，本节深入剖析省级政府对地级城市的增值税税收分成比例变化对工业企业规模产生的影响效应。具体结构安排如下：第一部分是文献回顾，并提出待检验的假说；第二部分是实证策略与数据说明；第三部分是回归结果及机制分析；第四部分是稳健性检验；最后部分是本节的结论。

5.2.1 文献综述与研究假说

面临"税收集权"形成的"财政压力"，地方政府在原有刚性支出不变的情况下，积极改变政府行为以维持原有财政收入，其作为地方税收收入的所有者可以分享企业资源，甚至会利用其权力限制私营企业发展，并转移本地企业收入来回避潜在的中央税收（Che and Qian, 1998），因此，地方政府有很强的激励去支持本地工业企业的发展。1994年的"分税制"改革后，税收收入向中央集中的同时，国有企业、乡镇企业大规模改制极大地增加了地方社保支出压力，使得地方实际支出责任显著增加，地方政府不得不全力增加本地财源，除强化征收外，地方政府逐渐开始通过大规模的招商引资来争夺制造业投资（陶然，2009）。薛刚等（2012）对税收分权与工业企业发展的内在联系进行研究，发现税收集权水平会影响地方政府行为与地区工业发展水平。财政分权使地方政府有机会分享到企业增长效益带来的剩余，在这一前提下，为推动经济增长，地方政府既会致力于推动企业发展（Qi, 1992）、硬化国有企业软预算约束（Qian and Roland, 1998），也会吸引资本性要素流入，帮助地区经济增长，以稳定地方财源。凯恩（Keen，1998）指出，不同层级政府甚至围绕着纵向财政收入分配展开税基竞争，并形成典型的公共池塘效应。由于地方政府可以保留一部分共享收入，因此，为自身利益考虑，地方政府会努力去增加对应的收入（林毅夫，2005）。陶然等（2009）提出中国政府面对分税制改革实质意义上的税收集权改革，省级政府通过"区域竞次"充分吸引制造业投资以扩大预算内财政收入。因此面对税收集权，地方政府通过不同渠道以促进规模以上工业企业发展，通过"区域竞次"增加规模以上工业企业利润，以维持原有税收收入不变。由此我们得出以下待检验的假说。

假说1：税收集权促进工业企业规模扩大。

郑文平等（2013）采用基于PSM相匹配的双重差分法从微观企业层面评估了"省直管县"政策，以河南省规模以上工业企业数据为样本，将规模以上工业企业样本分为民营企业、国有集体、外资企业，认为河南省省直管县政策扭曲市场资源配置功能，以损失了民营企业、外资企业增长效率为代价，换来国有企业规模的扩张。因此在面对税收集权时，地方政府主要靠发展内资企业以促进内资企业发展和主营业务收入的提高。席鹏辉（2017）利用地方政府税收分成调整数据检验，发现地方政府在面对税收收入减少带来的"财政压力"时努力发展内资企业，并造成工业污染上升。常和汪（Chang and Wong，2009）认为内资企业占比较大的国有企业与政府政治目的存在一致性，更被政府发展所青睐，为政府分担更多。进一步考虑企业异质性问题，虽然内外资企业所得税已经统一，但地方政府发展内资企业和外资企业及中国港澳台企业的意愿会有明显差别：首先地方政府吸引外资进入本辖区，会给予外资企业一定的税收优惠政策，而外资与中国港澳台资企业所在行业以高新技术行业等居多，因此对于外资及中国港澳台企业来说其税收外溢性明显低于内资企业。由此我们得出以下待检验的假说。

假说2：面对税收集权，相较于外资企业，地方政府投入更多的努力促进内资企业发展。

地方政府陷入争夺财政收入的竞争中，发展本地企业以扩大"财源"应对"财政压力"。地方政府发展地方经济一般通过两种途径来发展规模以上工业企业：一是引入效应（张恒龙，2006）；二是支持效应（肖文，2014）。相较于支持效应而言，引入效应的企业边际分成率明显较大，"引入效应"是地级市政府普遍采用的发展方式，地级市政府在财源减少时，会通过土地出让、金融优惠以及各类财政税收优惠政策以吸引企业进入，通过积极引进新的企业进入当地以扩大税基，通过不断扩大的企业数量来保证产值规模的扩大，而并非对已有企业进行政策支持，扩大已有企业的产业规模。由此我们得出以下待检验的假说。

假说3：为扩大地方税基，地方政府更多地采取"引入效应"扩大税基。

5.2.2 数据说明与实证策略

5.2.2.1 样本和数据

（1）数据说明。本节选择在地级市层面研究税收集权的影响效应。核心被解释变量来自地级市规模以上工业企业总产值、工业企业主营业务收入值，实证检验地级市政府增值税税收分成变化程度对不同性质企业发展的影响，并将地级市辖区内对应的工业企业样本分为内资工业企业总产值、外资工业企业总产值和港澳台工业企业总产值，被解释变量数据则来源于中国经济数据库（CEIC）。

本节核心解释变量则为地级市政府的增值税税收集权指标，用地级市政府的增值税税收分成变化程度表示。数据来源于中国各年度省财政体制关于各地级市增值税税收分成的数额及其变化的规定。我们通过各省的政府网站收集，利用《中国省以下财政体制2006》中的资料，并采用网络搜索或寻求政府文件方式公开获得数据，整理了各省2003～2013年地级市政府增值税分成的调整时间和调整比例。由于地级市工业发展的变量数据起始于2003年，而2012年的营改增试点改革可能对增值税税收分成产生实际影响，因此，本节选择了2012年之前的数据样本，将最终的样本确定为2003～2011年地级市政府增值税分成的变化量。

控制变量为GDP规模、人口规模、企业数量、投资水平、开放性水平等变量，且均来自中国经济数据库（CEIC）。其中GDP为剔除了价格因素后的实际水平后取对数值；人口规模为人口规模总数取对数；投资水平为固定资产投资额占GDP总比；受教育水平为高等学校在校生数占总人口比；

(2) 描述统计。各变量的描述性统计如表 5-5 所示。

表 5-5　　　　　　　　各变量的描述性统计

变量名	变量含义	均值	标准差	最小值	最大值
lnido	工业总产值取对数	10.987	1.392	5.891	14.992
lnmbi	工业企业主营业务收入取对数	10.946	1.426	2.771	15.048
lndido	内资工业企业总产值取对数	10.788	1.323	4.096	14.046
lnfido	外资工业企业总产值取对数	8.070	2.195	0	14.178
lnhmtido	中国港澳台工业企业总产值取对数	7.575	2.208	-0.020	13.213
vat	增值税分成状态	0.206	0.050	0.063	0.250
dvat	增值税分成变化	0.002	0.083	-1	0.7
bust	营业税分成状态	0.809	0.184	0.250	1
dbust	营业税分成变化	0.006	0.065	-0.800	0.400
lnpop	人口规模取对数	8.147	0.701	5.098	10.281
open	开放性水平	0.229	0.422	0.00004	4.621
lnidn	工业企业数量取对数	6.314	1.160	2.996	9.841
lndidn	内资工业企业数量取对数	6.188	1.110	0	9.397
lnfidn	外资工业企业数量取对数	3.187	1.598	0	8.471
lnhmtidn	中国港澳台工业企业数量取对数	3.055	1.638	0	8.026
lnrgdp	人均 GDP 取对数	1.974	0.958	-0.714	5.251
inv	投资水平，固定资产投资额占 GDP 比重	0.540	0.214	0.083	1.624
edu	受教育水平，高等学校在校生数占总人口比	0.013	0.018	0	0.127

5.2.2.2　实证策略

本节利用回归模型 (5-3) 进行主要的实证检验：

$$y_{it} = \alpha_1 \times dvat_{it} + X\beta + \delta_i + \tau_t + \varepsilon_{it} \tag{5-3}$$

本节采用各地级市工业企业总产值这一变量取对数进行实证分析，同时，为了获取稳健的结果分析，本节还分析了增值税税收集权对工业企业主营业务收入以及各类工业企业的总产值的实证效应。

y_{it} 为地级市 i 在 t 年的工业企业发展规模指标，α_1 为相关系数，δ_i 为地区固定效应，τ_t 为时间固定效应，分别控制住个体不随时间变化及不随个体变化的不可观测变量因素，其中，ε_{it} 为误差项。本节的关键变量为 $dvat_{it}$，代表着地级市 i 在年度 t 的增值税变化程度 $dvat_{it}$，其计算公式为 $dvat_{it} = \dfrac{vat_{it-1} - vat_{it}}{vat_{it}}$，其中，$vat_{it}$ 为地级市增值税税收分成比例，vat_{it-1} 表示上一次省级政府对地市级政府财政政策调整的增值税税收分成比例，$vat_{it-1} - vat_{it}$ 则代表上一次改革的税收分成比例减去本次改革税收分成比例，即表示税收分成改革前后比例变化，$\dfrac{vat_{it-1} - vat_{it}}{vat_{it}}$ 表示改革前后的税收分成比例的变化程度。因此，$dvat_{it} > 0$ 表明地级市经历了增值税税收集权，且该变量值越大意味着 t 年地级市增值税分成减少越多，即地级市面临省级政府的增值税税收集权程度更大；当 $dvat_{it} = 0$ 则表明地级市增值税税收分成比例未发生变化；$dvat_{it} < 0$ 表明地级市增值税税收分成为分权，地级市得到的增值税税收分成增加。此时根据本节的假设，当地方政府面临的增值税税收集权越大时，越有压力去发展工业企业以维持本地增值税税收的稳定增长，因此我们得到 $\alpha > 0$。

模型（5-3）考察了增值税分成对工业企业的实证效应，但其结果往往容易受到内生性的挑战，因为工业企业的发展并不仅仅受到税收分成和以上控制变量影响，因此，增值税的分成状态或许捕获了其他因素对工业企业发展的影响。为此，我们根据 2003~2011 年间各省增值税税收分成的变化设计了 DID 模型。在本节的实证样本内，各地级市的增值税税收分成主要表现为税收集权，即省级财政降低了地级市增值税税收分成比重，当舍弃个别城市的增值税分成提高的样本后，以增值税税收分成未发生变化的地级市作为控制组，以增值税分成发生变化的城市样本作为处理组，观察税收分成变化对地方微观工业企业发展状况的实证效应，具体如模型（5-4）：

$$y_{it} = \alpha_2 \times dvat_{it} + X\beta + \delta_i + \tau_t + \varepsilon_{it} \qquad (5-4)$$

模型（5-4）各变量的涵义同模型（5-3）。模型（5-3）的双重差分主要表现为：$dvat_{it} = 0$ 表示地级市税收分成未发生变化，未发生变化的地级市作为样本控制组；$dvat_{it} > 0$ 表示税收分成发生集权的地级市则作为处理组；由于 1994~2011 年，税收集权是省级政府制订政策共同的趋势，$dvat_{it} < 0$ 代表的增

值税税收分成的样本很少为了便于更好地集中反映增值税税收集权的政策效应,故这里舍去增值税税收分成变化的地级市样本。

为减少遗漏变量对实证结果的影响,本节也控制住其他对地方工业企业发展规模产生社会经济影响的因素,这包括人均GDP人口规模、工业企业数量等变量,其中,人均GDP在消除价格影响因素后取对数处理。此外,"营改增"前作为地方财政的主体税种,营业税税收分成变化也对地方财力产生了较大影响,还需要考虑营业税的分成变化的影响效应,因此本节加入了营业税税收分成变量进行了控制。最后,由于政策的制订具有较强的滞后效应,故增值税税收分成的政策变化对地方政府的影响可能产生一定的滞后效应,因此,本节不仅考察了当期增值税税收分成变化的影响,也观察了滞后一期$ldvat_{it}$增值税税收分成变化的实际效应。滞后一期$ldvat_{it}$即将上一年度的增值税分成变化程度变量作为自变量与当期的y_{it}作实证分析。

5.2.3 回归结果及机制分析

利用 Stata 软件,本节对模型进行了检验,报告根据回归模型所得到的实证结果。通过理论分析,本节试图解释地级市政府面临增值税分成的减少,并就其选择通过何种途径实现财政收入平衡机制进行回归分析。

5.2.3.1 基准回归结果

表5-6展示了模型的回归结果,即增值税税收集权变化对工业企业总产值与主营业务收入实证效应的基准回归结果,其中,表5-6中第(1)~第(3)列分别为当期、滞后一期以及各期混合得到的增值税税收集权对工业企业总产值的实证效应,第(4)~第(6)列则为各期增值税税收集权对工业企业主营业务收入的实证效应。

表5-6 增值税税收集权对工业企业产值及主营业务收入的实证效应

自变量	lnido (1)	lnido (2)	lnido (3)	lnmbi (4)	lnmbi (5)	lnmbi (6)
dvat	0.001 (0.119)		0.021 (0.119)	0.026*** (0.094)		0.046*** (0.098)
ldvat		0.186*** (0.053)	0.186*** (0.054)		0.188*** (0.068)	0.187*** (0.070)

续表

自变量	lnido (1)	lnido (2)	lnido (3)	lnmbi (4)	lnmbi (5)	lnmbi (6)
dbust	0.045 (0.118)	0.056 (0.057)	0.038 (0.117)	0.035 (0.100)	0.070 (0.060)	0.028 (0.101)
lnrgdp	1.067*** (0.124)	1.062*** (0.123)	1.062*** (0.123)	1.157*** (0.131)	1.150*** (0.129)	1.153*** (0.130)
edu	−10.638*** (1.469)	−10.298*** (1.504)	−10.430*** (1.492)	−9.980*** (1.398)	−9.427*** (1.365)	−9.770*** (1.406)
open	0.187*** (0.049)	0.191*** (0.048)	0.188*** (0.048)	0.206*** (0.050)	0.218*** (0.050)	0.207*** (0.049)
inv	0.200** (0.092)	0.208** (0.090)	0.207** (0.090)	0.161* (0.093)	0.172* (0.092)	0.168* (0.092)
pop	−0.595*** (0.094)	−0.586*** (0.094)	−0.590*** (0.094)	−0.496*** (0.130)	−0.473*** (0.129)	−0.491*** (0.129)
年份固定效应	是	是	是	是	是	是
地区固定效应	是	是	是	是	是	是
R^2	0.942	0.943	0.942	0.933	0.933	0.934
样本量	2054	2071	2054	2050	2067	2050

注：括号内为地市聚类稳健标准误，* 为 $p<0.1$，** 为 $p<0.05$，*** 为 $p<0.01$。

根据表 5-6，我们得到，滞后一期的增值税税收分成的降低将显著提高地级市工业产值规模，促进了地级市工业企业主营业务收入，这表明增值税税收分成的减少将导致地区的工业产值和主营业务收入得到显著的提升，地方政府将通过扩大本地工业产业规模来应对税收降低可能，以稳定增值税税收的增长。在税收分成降低时，地方政府将寻求积极途径解决税收问题。

5.2.3.2 影响途径及解释

为了判断地级市政府发展工业规模的主要路径，进一步观察增值税税收集权对不同类型企业的影响，本节将地级市工业企业的样本数据分成内资企业、外资企业和中国港澳台企业。根据模型（5-3），本节分别探讨了增值税税收分成的降低对内资企业、外资企业以及中国港澳台企业产值规模的实证效应，实证结果如表 5-7 所示，其中，第（1）～第（3）列被解释变量为内资企业工业总产值，第（4）～第（6）列被解释变量为外商投资企业工业总产值，第（7）~ 第（9）列被解释变量为中国港澳台工业企业总产值。

表5-7　增值税税收集权对各类工业企业产值规模的实证效应

自变量	lndido(1)	lndido(2)	lndido(3)	lnfido(4)	lnfido(5)	lnfido(6)	lnhmtido(7)	lnhmtido(8)	lnhmtido(9)
dvat	0.042 (0.155)		0.082 (0.161)	-0.274 (0.450)		-0.294 (0.462)	0.577 (0.474)		0.609 (0.490)
ldvat		0.209*** (0.072)	0.212*** (0.074)		-0.084 (0.204)	-0.094 (0.208)		0.134 (0.234)	0.154 (0.238)
控制变量	是	是	是	是	是	是	是	是	是
年份固定效应	是	是	是	是	是	是	是	是	是
地区固定效应	是	是	是	是	是	是	是	是	是
R^2	0.916	0.916	0.917	0.604	0.604	0.604	0.470	0.470	0.470
样本量	1793	1793	1793	1701	1701	1701	1680	1680	1680

注：括号内为地市聚类稳健标准误，* 为 $p<0.1$，** 为 $p<0.05$，*** 为 $p<0.01$。

从表5-7可以看出，只有滞后一期的增值税税收集权对内资企业工业总产值具有显著的促进作用，而其他各变量对外资或中国港澳台工业企业产值的回归系数并不显著。这表明地级市增值税税收集权仅对内资企业的产值有较大的影响，而对外资企业以及中国港澳台投资企业的产值影响较弱，这表明地级市政府在面对增值税税收集权后，主要通过内资企业的产值规模的扩大来增加本地税基，而对外资企业以及中国港澳台企业的产值无法产生显著作用。在稳定地方财力过程中，地方政府更多的是依赖内资企业。

5.2.3.3　影响机制：引入效应还是支持效应？

对于增值税税收集权的产值扩大效应，主要存在两个有力的解释：一方面，地方政府通过土地出让、金融优惠以及各类财政税收优惠政策吸引企业进入，通过不断扩大数量来保证产值规模的扩大，本节将这类影响机制称为"引入效应"；另一方面，地方政府也可以通过以上各类政策支持已有企业的发展，扩大其经营规模和产值大小，增加已有的发展规模，本节将这类影响机制称为"支持效应"。由于数据受限，本节无法观察地方政府对已有企业产值的影响,但可以直接观察增值税税收集权对地级市工业企业数量的影响,以判断集权对工业规模的影响究竟是否来自"引入效应"。为此,本节利用模型(5-3)对地级市工业企业数量进行了实证检验,结果如表5-8中第(1)~第(3)列所示,同时,本节仍然观察了地级市增值税集权对各类型企业的数量影响,以进一步支持本节的影响机制分析,第(4)~第(6)列被解释变量依次为内资企业数量、外资企业数量以及中国港澳台企业数量。

表5-8　　　　增值税税收集权的影响机制分析:引入效应

自变量	lnidn (1)	lnidn (2)	lnidn (3)	lndidn (4)	lnfidn (5)	lnhmtidn (6)
dvat	0.067 (0.299)		0.134 (0.309)	-0.106 (0.360)	-0.124 (0.185)	0.082 (0.229)
ldvat		0.349*** (0.091)	0.353*** (0.097)	0.382*** (0.103)	-0.015 (0.093)	0.257*** (0.099)
控制变量	是	是	是	是	是	是
年份固定效应	是	是	是	是	是	是
地区固定效应	是	是	是	是	是	是
R^2	0.598	0.605	0.606	0.457	0.529	0.279
样本量	1798	1798	1798	1795	1704	1684

注:括号内为地级市聚类稳健标准误,*为$p<0.1$,**为$p<0.05$,***为$p<0.01$。

从表5-8第(1)~第(3)列可以看出,税收集权确实对工业企业数量产生了显著的正向影响,滞后一期增值税税收集权显著地提高了地级市工业企业的数量。同时,从第(4)列我们可以看出,增值税税收集权也显著地提高了内资企业的数量,这与表5-3的第(1)~第(3)列实证结果一致,说明内资企业产值的扩大可能与地方政府扩大的内资企业数量有关。而第(5)列的实证结果可以看出,税收集权对外资企业的数量没有显著影响,这与表5-3中第(4)~第(6)列的实证结果一致。而表5-4第(6)列中税收集权对中国港澳台企业的数量也有显著促进作用,表5-8的第(7)~第(9)列结果表明,增值税税收集权对中国港澳台企业产值并没有显著作用,这可能与这部分新增的企业产值规模较小有关。

从表5-9我们可以看出,增值税税收集权对工业企业产值总规模的影响与税收集权的"引入效应"有关,地方政府在应对增值税税收集权时,倾向于通过新增企业的方式来稳定本地税收收入。为进一步判断"支持效应"是否存在,本节通过以下两方面进行实证检验:第一,本节通过在模型(5-3)中加入工业企业数量作为控制变量的方法来观察这一效应,当加入工业企业数量后,税收集权仍然对工业产值具有显著影响,那么我们可以认为除了"引入效应",地方工业的发展还存在"支持效应",当加入工业企业数量作为控制变量后,增值税税收集权变量不再显著,那么可以认为只有"引入效应",而不存在"支持效应"。第二,使用每个工业企业的平均产值作为被解释变量,观察税收集权是否导致工业企业的平均产值规模扩大,以此判定税收集权是否具有支持效应。对第一类方法的实证检验如表5-9中第(1)~第(4)列所示,其中的被解释变量依次为工业总产值、内资企业工业总产值、外资企业工业总产值和中国港澳台企业工业总产值,对第二类方法的实证检验如表5-9中第(5)~第(8)列所示,被解释变量依次为平均工业总产值、平均内资企业工业总产值、平均外资企业工业总产值和平均中国港澳台企业工业总产值。

表5-9　　　　　增值税税收集权的影响机制分析:支持效应

变量	lnido (1)	lndido (2)	lnfido (3)	lnhmtido (4)	lnro (5)	lndro (6)	lnfro (7)	lnhmtro (8)
dvat	0.098 (0.138)	0.090 (0.162)	-0.168 (0.441)	0.481 (0.374)	0.000 (0.308)	0.110 (0.336)	-0.245 (0.445)	0.487 (0.374)
ldvat	0.038 (0.052)	0.110 (0.076)	-0.078 (0.194)	-0.195 (0.196)	-0.218** (0.098)	-0.151 (0.120)	-0.059 (0.187)	-0.130 (0.191)
lnidn	0.279*** (0.037)							
lndidn		0.282*** (0.033)						
lnfidn			1.217*** (0.114)					
lnhmtidn				1.333*** (0.100)				

续表

变量	lnido (1)	lndido (2)	lnfido (3)	lnhmtido (4)	lnro (5)	lndro (6)	lnfro (7)	lnhmtro (8)
控制变量	是	是	是	是	是	是	是	是
年份固定效应	是	是	是	是	是	是	是	是
地区固定效应	是	是	是	是	是	是	是	是
R^2	0.949	0.925	0.710	0.612	0.796	0.746	0.487	0.414
样本量	1798	1793	1695	1676	1798	1793	1695	1676

注：括号内为地市聚类稳健标准误，* 为 $p<0.1$，** 为 $p<0.05$，*** 为 $p<0.01$。

从表 5-9 中第（1）~第（4）列可以看出，在加入各类工业企业数量作为控制变量后，各工业企业数量变量显著，而税收集权变量不再显著，这说明工业企业产值的扩大来源于数量的增加，而非已有企业自身规模的扩大，这一结论也得到了第（5）~第（8）列的验证，在以平均工业产值作为被解释变量时，增值税税收集权变量不再显著为正，甚至出现了显著为负的现象。从表 5-9 可以看出，地方政府在应对增值税税收集权时，主要是通过积极引进新的企业进入当地扩大税基，而非对已有企业进行政策支持，扩大已有企业的产业规模。

5.2.4 稳健性检验

为了进一步确认前面得到的观点结论，本节作了进一步的稳健性检验，本节的稳健性检验主要从关键变量指标构建以及反向因果判断两方面来进行。

一方面，本节关键变量即增值税税收集权变量是由比例值进行衡量的，为减少不同构建方法对主要实证结论的不同影响，本节构建增值税税收集权的虚拟变量，当该年度增值税税收分成减少时，设定 $dvat=1$，否则 $dvat=0$，同时删除增值税税收分成增加的城市样本，这样做的目的主要有两点：第一，构建虚拟变量能够反映增值税集权或分权的基本趋势，能够获取稳健一般性结论；第二，构建 $dvat$ 虚拟变量使得模型（5-3）更符合 DID 回归模型，这使得回归系数估计出的是集权冲击带来的工业发展效应。利用虚拟变量进行 DID 回归后的实证结果如表 5 - 10 所示，根据表 5 - 2 和表 5 - 3 的实证结果，此处选择的被解释变量依次为工业总产值取对数，工业企业主营业务收入取对数以及内资企业工业总产值取对数，如第（1）~ 第（3）列所示。

表 5 - 10　　　　　　　　　　稳健性检验

变量	lnido (1)	lnmbi (2)	lndido (3)	dvat (4)	dvat (5)	dvat (6)
dvat	0.057 (0.056)	0.145** (0.064)	0.021 (0.062)			
ldvat	0.046** (0.023)	0.079** (0.033)	0.077** (0.032)			
L.lnido				-0.007 (0.005)		
L.lnmbi					-0.002 (0.003)	
L.lndido						-0.004 (0.004)
控制变量	是	是	是	是	是	是
年份固定效应	是	是	是	是	是	是
地区固定效应	是	是	是	是	是	是
R^2	0.940	0.892	0.915	0.630	0.629	0.585
样本量	1752	1748	1747	1553	1549	1548

注：括号内为地市聚类稳健标准误；* 为 $p < 0.1$，** 为 $p < 0.05$，*** 为 $p < 0.01$。

从表 5 - 10 中第（1）~ 第（3）列可以看出，使用虚拟变量回归后其实证结果与表 5 - 8 和表 5 - 9 基本一致，增值税的税收集权对工业企业发展具有稳健的显著促进作用。这表明本节指标构建的不同方法并不会影响本节的主要实证结论，增值税的税收集权趋势确实能够推动地方的工业发展。

另一方面，本节也观察了工业企业发展规模对地方增值税税收分成变化的影响。理论上这一路径基本不可能成立，即地方政府的税收分成比例是由省级政府通过省以下财政体制制订，地级市工业状况难以对其决策产生影响，但为了减少这类反向因果带来的可能性干扰，本节也观察了其工业发展变量对增值税税收分成的影响，由于政策变化需要一定的反应时间，因此各回归模型中的核心解释变量为滞后一期的工业总产值取对数、工业企业主营业务收入取对数以及内资企业工业总产值取对数变量，其实证结果如表5-10中第（4）～第（6）列所示。

可以看出，无论是滞后期工业总产值，滞后期工业企业主营业务收入，还是滞后期内资企业总产值，其对地级市增值税集权与否均无显著影响，这表明并不存在工业发展规模影响地级市税收集权的现象出现，本节实证结论并不会受到反向因果内生性的干扰，因此我们认为，本节实证结论存在较强的稳健性。

5.2.5 本章小结

一般认为，地方主体税种税收收入减少，地方财政自给能力会下降。根据本节的实证结果，我们得出以下结论：（1）主体税种税收分成的减少在当期显著促进了地方财政自给率的上升，而非降低了地方财政自给率。同时，滞后一期的主体税种税收集权也表现出相同的趋势，即滞后一期的主体税种的税收集权在10%水平上显著提高了地级市的财政自给率。地方政府在应对主体税种税收集权时，通过各类经济发展手段扩大本地税基，增加一般预算收入。地方政府的策略反应使得地方财政自给率指标反映的"财政状况"呈现较好趋势。税收集权形成财政激励效应，地方政府在应对"财政压力"时可能加大对财政规模的支持力度；（2）对中等地区及欠发达地区而言，主体税种的税收集权仅在当期提高了其财政自给率，在滞后一期没有明显的效应，且其系数低于发达地区水平；欠发达地区的主体税种税收集权没有提高一般预算收入，而是显著降低了其一般预算收入；对于经济中等地区而言，滞后一期的主体税种税收集权显著降低了其一般预算收入，而发达地区并没有抑制效应；对于欠发达地区，主体税种的税收集权显著地降低了其一般预算支出，我们认为，税收集权对欠发达地区的影响比发达地区显著。在中国式财政激励理论的框架下，本节提出了三个研究假说，并构建了2003～2011年地级市政府税收分成的变化量，利用地方财政体制改革实践研究了税收集权对工业企业规模及政府发展工业企业路径选择产生的影响效应，提供了税收集权效应在地级市政府层面的经验证据。本节选择地级市政府税收分成比例降低作为税收集权指标,有效地避免了以往税收分成指标的内生性,利用地级市政府面对的税收集权考察其对地级市政府产生的激励效应,从宏观层面考察税收集权对工业企业规模与主营业务收入等指标的影响,剖析了省级政府对地级城市的增值税税收分成比例变化对工业企业规模产生的影响,及政府选择发展工业企业的路径选择。

本节的研究表明:省级政府对地级市政府的税收分成比例的调整,激励地方政府通过扩大本地工业企业产值规模来缓解税收集权带来的"财政压力",以稳定本地增值税税收收入的持续增长。通过进一步分析地方政府扩大本地工业企业产值规模的途径与路径,我们发现,在稳定地方财力的过程中,地方政府更多的是通过扩大内资企业的产值规模来增加本地税基,而扩大内资企业产值规模的路径则主要依赖于积极引进新的企业进入当地以扩大税基。

本节提出以下政策建议:在我国继续实施减税降费、减轻企业负担的大背景下,建议地市级政府进一步优化财政支出结构,提高财政资金使用效率。目前,我国地级市政府面临着税收收入减少带来的"财政压力",地方政府应加快培育税源,增加对创新性小微企业的扶持力度,积极发展本地的高新技术产业、战略性新兴产业及智能产业,打造产业集群,发展壮大新动能;地方政府应为企业营造良好的投资与经营环境,引进工业企业扩大本地工业企业总产值规模维持本级财政收入的同时,要尽量避免"生态环境陷阱",在企业类型的选择上,防止盲目引入高消耗、高污染的企业,而应吸引绿色企业及低碳工业企业加盟。地方政府还应加快区域内的科技创新培育,促进科技成果转化,从源头上解决财源减少的问题。而从国家层面来看,建议进一步加快划分地方的事权与支出责任,建立事权与支出责任相匹配的财政制度,建立现代化的财政制度。

第 6 章

国外市级财政体制比较

地方财政体制在国家财政体制中占据着重要位置。通常而言，依照政府权力集散程度的强弱，可把国家划分为联邦制国家以及单一制国家。不管是何种体制，每个国家实行的都是分级、分税的多级式政府管理模式，同时建立与之相适应的多级财政管理体制。虽然都是多级财政管理体制，但由于每个国家在政府事权和支出责任划分等方面存在着一定的差异，因而呈现出不同的财政管理效果，这为我国的省对市财政体制改革借鉴国际经验提供了条件。本章将研究重点放在国外市级财政体制比较，主要选取了美国、英国以及日本、德国、法国等国家为研究目标，其中美国是联邦制国家的典范之一，英国、日本属单一制国家行列，本章分别从州或地方以下政府事权和支出责任划分、地方政府间税收收入划分、转移支付制度来进行介绍，最后得出比较结论和经验借鉴。

6.1 美国州以下财政体制

与联邦制的国家管理体制相适应，美国实行了联邦、州、地方政府三级相对独立的财政体制，各级政府拥有各自的财政收入及支出范围，权力和责任相互区别，各有侧重，同时又相互补充和交叉。美国联邦和州政府的事权划分，由联邦宪法加以规定，各级财政的支出责任建立在事权划分的基础之上。

美国联邦政府的事权包括：国防、国际事务、保持经济稳定、支持社会发展和保证社会稳定，以及提供使全体公民受益的其他公共服务。与事权范围相对应，美国联邦政府财政支出责任通常为：国防、人力资源、物力资源、净利息和其他五大类。人力资源支出包括教育、培训、就业和社会服务、卫生、医疗、收入保险、社会保障、退伍军人福利及服务、持续社会发展和保证社会稳定的支出、以及提供全体公民受益的其他公共服务。物力资源支出包括能源、自然资源和环境、商业房屋信贷、交通、社会和地区发展；其他支出的内容有国际事务、一般科学、空间和技术、农业、司法管理、一般政府行政、财政补贴等。

6.1.1 州以下政府事权和支出责任划分

美国是联邦制国家的典范之一，与联邦制的国家结构相适应的是它的三级政府体系，即联邦政府、州政府以及地方政府。各级政府均是独立的行政主体，依照法律规定自主行使权力，不存在隶属关系。在州和地方政府间事权和支出责任划分上，不同的州存在较大差异，它们相互区别，各有侧重，但同时又不是彻底地毫无联系，也会有补充和重叠的方面。美国政府事权和支出责任划分以"公共产品"理论为基础，具体划分标准如下。

一是以法律为依据，由美国宪法修正案第十条的规定可知即便美国各级政府拥有高度自治权，能够独立自主地行使自己的权利，但也并不代表着可以随心所欲地行使权利，同样要受到来自法律的制约。法律明确制定了联邦政府、州政府以及地方政府的事权和支出责任，其中，地方政府的事权和支出责任是由州政府颁布法律来予以规定的。

二是受益原则，所谓的受益原则是指依照受益的地理区位来划分每一级政府的事权和支出责任，若全体美国公民可以从某种产品或服务的提供中享受到好处，那么这件事务就由联邦政府来承担，例如国防、国际事务（如外交、国际贸易与合作等）、全国性的公共产品与服务以及社会福利与救济等；如果受益层次仅限制在州或地方政府，就应当由州或者地方政府来负担该项事权和支出责任，例如州或者地方的治安以及交通等。

三是效率原则，指在行使该项事权和支出责任的过程中，美国采取按照效率优先的原则划分政府权力，即哪级政府能付出最少的代价获取最大的收益，该项事权和支出责任就应由哪一级政府来负担。

四是事权财权统一原则，即各级政府依照其事权范围来匹配财权，做到事权财权相统一，即政府既不会给民众带来过多的税收等财政筹资压力，也不会因为缺钱而止步不前，相应的支出责任能顺利得到承担。

州政府主要负责联邦政府事权范围之外的州管事务，提供受益于本州内的公共产品和服务。一是进行收入再分配，如救助穷人。由于各州之间的收入状况有所差距，因此州政府在收入分配方面发挥辅助联邦政府的作用。二是提供基础设施和社会服务，包括道路、机场、教育、警察、消防、社会服务等。三是促进本州经济社会的发展，提高本州的竞争力。州政府的财政支出范围主要包括：公路建设、教育、公共福利项目、医疗和保健开支、收入保险（对劳动能力缺陷或丧失者提供最低收入保障）、公用事业（主要有警察、消防、煤气及水电供应）、州政府债务的还本付息等。

地方政府提供使本地区受益的项目，一般以警察事务、消防、水电煤气供给等公共服务为主。由于收入来源比较有限，地方政府经济发展和基础设施建设通常由联邦和州政府的专项拨款解决。地方政府的具体指出项目主要包括：一般行政经费、家庭和社区服务、基础教育、治安、消防、道路和交通、公用设施支出，州和地方政府承担地方性财政支出，总额一般为联邦政府的60%~70%，具体如下：（1）教育支出，是州和地方政府最大的支出项目。通常占州和地方政府总支出的37%左右，教育支出的资金由州和地方政府共同负担，其中州政府负担26%，地方政府负担74%。（2）公共福利支出，是州和地方政府的第二大支出项目，约占州和地方政府支出总额的13%左右，该项支出的资金有一半以上来自联邦政府提供的补助，其余由州和地方财政负责筹措。（3）公共事业支出，是州和地方政府的一个重要支出项目，在州和地方政府支出中约10%，该项支出的全部资金都由州和地方政府负担。（4）公路建设支出，是州和地方财政的一个传统支出项目，约占州和地方政府总支出的9%左右。（5）保健和医院支出，通常占州和地方政府支出总额的9%左右，该项支出的资金除从联邦政府取得专项补助外，其余由州和地方政府以几乎相等的比例分摊。（6）债务还本付息支出。州和地方政府每年都要发行债券来筹集一部分财政资金，还本付息就相应成为支出项目，但由于州和地方债券的利息免纳联邦所得税，其利息成本较低。债务还本付息支出在州和地方政府中支出中的比重一般在4%上下①。

通过表6-1可以看出，美国各级政府间事权和支出责任划分比较明确和细致。联邦政府的事权和支出责任大体上有国防、全国性的公共产品与服务、社会福利与救济、国际事务（国际贸易与合作、外交等）、宏观经济调节以及宏观监控下一级政府提供公共产品和服务的质量等。地方政府的责任主要是供给本地区内的公共产品和服务，这其中，州政府主要提供州一级配套基础设施的建设、州一级的公共产品和服务、基础教育以及民生服务等；地方政府主要提供道路、交通、一般行政开支、家庭和社会服务、街道的绿化和清洁、居民健康等。

表6-1　　　　美国联邦政府及州以下政府事权和支出责任划分

责任主体	事权范围	支出责任
联邦政府	国防、国际事务（如外交、国际贸易与合作等）、全国性的公共产品与服务、社会福利与救济、宏观经济调节、宏观监控下一级政府提供公共产品与服务的质量、同州一级政府的行政合作、收入再分配、稳定国民经济、规划科技及教育等社会发展事业、发行货币、发行联邦债券、维护社会秩序等	国防、外交、教育、公共福利、交通、能源、培训与就业、公共服务与保障、医疗卫生、商业与住房信用贷款、自然资源、自然环境、联邦政府债务的清偿等
州政府	州一级基础设施建设、州一级公共服务与产品提供、收入再分配、许可证照的颁布、组织实施选举、其他促进州一级经济发展的事务、管理本州商业活动等	道路、机场、警察、消防、基础教育、卫生、公共医疗服务、保险、公共福利、水、电、煤气、州一级政府债务的清偿等
地方政府	由州一级政府法律予以规定，州一级政府将事权安排至地方，主要是对具有地方性质的税收的课征、对具备较强地方性质的基础设施和社会服务的提供等	家庭和社会服务、道路、交通、居民健康、警察、教育、公用事业（如消防、水、电和煤气等）、日常垃圾处理、一般行政开支、财产税的评估和征收、街道的绿化和清洁等

资料来源：楼继伟．中国政府间财政关系再思考［M］．北京：中国财政经济出版社，2013：219；陈侯坚．美国政府事权与财政支出责任划分及其启示［J］．经贸实践，2017（24）：46.

在国防、养老金、医疗保健、社会福利和利息支出方面，联邦政府承担着主要的供给责任，相比较而言，州政府和地方政府所承担的部分较少，尤其是

---

① 陈侯坚．美国政府事权与财政支出责任划分及其启示［J］．经贸实践，2017（24）：46.

国防方面,联邦政府的支出比例高达99.87%,这也与美国各级政府的事权范围相符合,由于国防的受益范围是全体美国公民,因此,由联邦政府来提供国防是再合适不过的;而在教育、公共安全、交通运输、一般政府服务和其他支出方面,地方政府承担着主要的支出责任,因为这些服务一般具有较强的地域属性,由地方政府来承担能较好地体现受益原则和效率原则。

6.1.2 州以下地方政府间税收收入划分

政府财政收入主要体现为税收收入,且政府支出中很大一部分是税收收入支出。因此,本部分着重分析美国地方政府间税收收入划分(见表6-2)。

表6-2　　　　　　　　美国各级政府税种划分

行税主体	商品税	所得税	财产税
联邦政府	消费税 (烟酒、燃料、运动产品、化学物品、核电、卡车、枪支、赌博) 关税	个人所得税 公司所得税 社会保险税	遗产与赠与税
州政府	销售税 消费税(烟酒、燃油) 汽车税 环境税 保险税(投保人向非合格承保人购买保险)	个人所得税 公司所得税 失业保险税	财产税(铁路、木材) 遗产与赠与税
地方政府	销售税 许可、证照税 经营登记税 特许税 旅馆房间税 建筑防火费等 公共事业税	工薪税	房地产税 不动产转移税

资料来源:熊若愚. 美国与德国政府间税收收入划分模式简介[J]. 税务研究,2017(01):74-78.

在税收法律制定方面,美国的突出特点是分权程度较高以及征税要以法律为依据。国会有权制定联邦税收法律制度,州议会有权对州税收进行法律制定,国会和州议会的税收法律制定的权力都由美国宪法来赋予。不论是联邦政府，亦或是州政府，对新旧税种的开征以及停征、已有税种的税率调整以及对已有税收法律的修改、制定等均需要历经一系列的法理论证，有关程序非常繁杂，难度较大。议会只能依照法律制定程序，或者提请全部市民通过投票的方式来决定制定税收法律，禁止擅自开征或者停征。联邦政府对州政府的管辖权须由美国宪法授权，州政府以及地方政府被允许在不违反宪法要求的基础上进行自主治理。美国宪法并没有给予地方政府制定税收法律的权力，而是准许地方政府在州政府授权的前提下行使相应的征税权，说明了地方政府的自主性很小。

在税收收益获取方面，美国联邦、州以及地方政府获取各自的税收收益基于税种的划分。联邦政府的主体税种是所得税（包括个人所得税和公司所得税）以及社会保险税；像销售税、消费税等商品税是州政府的主体税种；地方政府的主体税种则是财产税类。各级政府均拥有一定的财政独立性，能自主编制、执行预算，同时各级政府还有自己完善的税收体系，能够自行设置税种、税率、调控税基，有稳定的税收收入来源，这样做不但可以提高效率，而且还有利于各级政府实现自己的政策目标。此外，政府还会通过发行政府债券或彩票等筹资方式来获取收益，提升其收益弹性和财政调控能力。

在税收征收管理方面，美国的税收征收管理体系相对完整。美国的联邦、州以及地方政府都设置了自己的税收征管部门，负责各级政府的税收征管任务。联邦设置有联邦税务局以及关税署，州设置有州税务局，地方设置有地方税务局，各级政府各自享有独立的税收征收管理权和税务执法权。因为美国的税收征收管理信息化技术处于全球领先地位，而且有一些税种归属共享税，所以州以下地方政府的税务人员的数目要比其他国家精简许多，总的来看其组织结构设置扁平化，这样做使得组织结构更加简洁、高效。

综上所述，在税收法律制定方面，税收法律的制定和税收征管相互独立，是一种分散程度较高的税权模式；在税收收益获取方面，联邦以及州政府都拥有自己的主体税种，且联邦、州以及地方政府共同享受同一税源；在税收征收管理方面，各级政府拥有的自主性很大，同时，也要配合接受上级政府的监督、管控。

表6-3表明，美国联邦政府主要税种的税收收入前三位分别是个人所得

税、社会保险税以及公司所得税。这三大税种占美国联邦政府税种收入的93.72%；州政府的大部分税收收入来源于社会保险税、销售税以及个人所得税，合计占比为84.17%；地方政府在很大程度上是依靠财产税类来为其带来较多的税收收入，占地方政府主要税种总税收收入的69.68%。虽然表格仅仅列示的是美国主要税种及收入情况，但是据此也可以清楚地看出对联邦、州以及地方政府的税收收入有较大影响力的税种是哪些。虽然州和地方政府被赋予较大的征税自主权，但是联邦政府所取得的税收收入比重仍然处于主导地位。

表6-3　　　　2014~2015年美国各级政府主要税种及收入　　　　单位：十亿美元

主要税种	联邦政府	州政府	地方政府
个人所得税	1394.6	309.3	29.4
公司所得税	320.7	45.6	7.9
社会保险税	1023.5	478.0	21.3
财产税	0	13.1	434.1
消费税	40.8	46.8	5.8
销售税	0	341.7	102.4
交通运输税	52.6	66.7	3.2
其他	90.1	40.1	18.9
合计	2922.3	1341.3	623.0

资料来源：张彦英．美国政府间税收划分：现状、效应及启示［J］．财政经济评论，2017（01）：114-125．

6.1.3　转移支付制度

尽管美国各级政府的事权和支出责任划分已比较明确、清楚，然而，由于州和地方在经济发展水平、资源富足程度等方面存在差异，因此，纵向、横向财政不平衡现象依旧存在，还需要转移支付制度发挥调节作用。目前，美国的转移支付体系相对完备，设置情况合理，采用了由上至下的垂直模式。美国三级政府间的转移支付依照补助方式的不同分为两类，即一般性转移支付以及特殊性转移支付。其中，特殊性转移支付较为重要，占有较大比例。特殊性转移支付中又包含有分类转移支付以及专项转移支付，而专项转移支付根据拨款方式的不同又可以具体分为公式拨款和项目拨款两种类型，分类情况如图6-1所示。

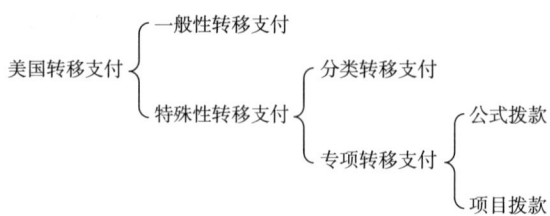

图 6-1 美国转移支付分类情况

一般性转移支付是一种补助方式,即上一级政府依据下一级政府之间的差别如税收能力、支出需求、各地区人口数量、贫富程度、资源多少等方面,通过对统一法定的标准公式的运用,将其财政资金转移给下一级政府。一般性转移支付即上一级政府的收入分享,实质是联邦政府每年拿出一部分收入,依据各州的征税效率、征税条件、人均收入水平以及人口数量等相关因素,分配给各州。同样,联邦政府以及各州也会根据相关因素分配给地方。获得此种补助资金的各州和地方政府可以自由地对该笔资金进行管理和支配。值得一提的是,美国的一般性转移支付会考虑受助政府的税收努力程度,将转移支付资金的额度与下一级政府课税完成指标相挂钩,目的是鼓励下一级政府完成税收任务。但是因为美国的一般性转移支付相较特殊性转移支付,在总转移支付数额中占很少一部分,所以尽管经济状况较差的州可能会比经济状况良好的州得到更多的补助资金,但此种转移支付有很小可能性会带来地方财力均等化的结果。由此可见,美国的转移支付制度的设计目的不是为了使各地区间达到基本公共服务的均等化。

特殊性转移支付是另外一种补助方式,它是上一级政府为实现自己的特定目的,将财政资金拨付给下一级政府,扶持其完成某项特定项目。此种转移支付的资金运用性较强,其中又包含了分类转移支付以及专项转移支付两种方式。

分类转移支付的目的是使居民个人间的受益均等化,通过对法定公式的运用,补助一些特定领域。联邦政府规定了资金的运用范围,接受补助的州以及地方政府须按照联邦政府的规定来使用该笔资金,不得随意挪用。但同有条件的专项转移支付相较而言,其限制条件要少很多。州以及地方政府可在以联邦政府规定的范围为准绳的情况下自主决定投资项目、进行资源配置,但同时完成后的项目必须要达到规定标准。分类转移支付可以被看作是由一块块小的专项拨款组合而成,因此也被称作是整块拨款。分类转移支付在一般情况下不要求对州政府同时要拿出配套资金,但转移支付资金的额度所遵照的公式以及受助政府的条件要求都由法律法规予以明确规定。因为分类转移支付具有在体现联邦政府的政策目的的同时,还能使受助政府灵活地分配资金的特点,因此会对资金的使用效率带来提高效果。

专项转移支付是依照国会确立的公式法或者项目法实行、具有规定用途、体现强制性的补助,大约有 60% 的部分需要地方来提供配套资金,它是美国转移支付制度中最古老、同时也是最主要的转移支付方式。在 20 世纪 90 年代中期的时候,专项转移支付的数额约占到美国全部转移支付总额的 80%。并且这种现象一直延续到现在,美国现如今的专项转移支付数额大约占其全部转移支付总额的九成,并且联邦政府会严格地对资金的使用用途以及期限予以规定。专项转移支付根据支付方式的不同又可以具体分为公式拨款以及项目拨款两种类型。公式拨款是依据规定的公式分配拨款数额给每个地区,符合条件的受助对象会自动地获得该笔补助。这种拨款方式的拨款数额的衡量指标一般是人口数量、人均收入等相关因素。项目拨款需要受助者自己申请,以受助者申请中所列明的资金使用的用途为根据来发放。将专项转移支付的两种类型相比较,公式拨款在专项转移支付中所占的比重较大。美国的专项转移支付种类繁多,它对解决贫困以及失业问题有很好的效果。联邦政府不仅对各种补助的使用范围进行了规范,还规定了受助对象要提供相关的情况报告给有关联邦主管部门。

对美国转移支付制度的层次而言,美国转移支付分两个层次:

一是联邦政府对州以及地方政府的转移支付。目前,专项转移支付是联邦政府对州以及地方政府的主要转移支付方式,占全部转移支付数额的 70% 以上,大约 2/3 拨付给了州政府,1/3 拨付给了地方政府,由此体现出州政府以及地方政府对联邦政府在财政资金方面有较高的依赖度。专项转移支付资金主要被用于医疗、社会及劳动保障、交通运输、农业发展、住房及能源开发、教育、环保以及卫生等多个方面。联邦政府在确定各州以及地方实际需要的转移支付数额的多少时考虑了居民健康指标、人口数量及结构、学生入学率、土地面积以及现有基础设施水平等一系列具有科学性的数据和指标，这样做保证了转移支付额度的客观性和透明度，大大降低各级政府间的摩擦，提高了效率。

二是州对地方政府的转移支付。州政府对地方的转移支付以分类转移支付为主，约占地方财政收入的33%[①]，补助资金直接划拨到居民个人。目前来说，这类补助资金主要被用在了社区发展及服务、居民健康及就业、低薪家庭补助等方面。大部分的州宪法明确了教育的主要提供者是州政府，由州政府来提供相关资金，地区政府是教育尤其是中小学教育的主要实施者。正因如此，各州对地方的转移支付资金大部分用于了地方政府的中小学教育，保证地方政府在提供基础教育时有足够的资金支持。

6.2 英国的地方财政体制

6.2.1 地方政府事权和支出责任划分

英国是中央集权、地方分权型单一制国家。它是由自治的英格兰、苏格兰、威尔士以及北爱尔兰四个地区组成。四个地区下辖有郡或市级政府，郡或市级政府下又有教区或镇政府，即英国的政府结构是准三级政府：中央政府—郡（市）政府—教区（镇）政府。其中，郡或者市级政府以及其下辖的政府统称为地方政府。一方面，中央政府是国家最高权力集中的所在之处，地方政府的相关行为需要由中央授权；另一方面，英国自古就有"地方自治之家"的称号，实行普遍的地方自治，各级政府均有各自的财政预算，确保了地方政府的相对独立性。

英国各级政府事权和支出责任划分标准。一是以英国相关法律法规为依据，一般地，中央政府、内阁以及英国议会是以制定法律法规的方式规定地方政府所应提供的地方公共服务类型以及最低标准。中央政府也可对地方政府公共服务的提供情况进行评估，依据评估结果，利用财政杠杆对地方政府进行相应的奖励或者惩罚。地方政府的各项工作的开展需要遵照英国议会所颁布的法律法规，除非议会批准，否则属于违法行为。二是将所提供的公共物品的受益

---

① 陈侯坚. 美国政府事权与财政支出责任划分及其启示 [J]. 经贸实践, 2017 (24): 46.

范围作为划分标准。如果公共物品的受益范围是全部英国公民,那么这项支出就由中央政府负责支出;如果受益范围为某一特定地区的公民,那么就由当地的地方政府承担责任。地方政府的财权以及事权相对地配合得比较好的话,可以起到大幅度地减少地区间的财力差异、推进基本服务的均等化的作用。

英国中央政府与地方政府的事权和支出责任划分总体来说是比较清晰确定的,各级政府能够根据事权来决定相应的支出责任。一般地,中央政府不仅要负责国防、外交、促进本国经济发展、高等教育以及全国性的社会保障等,还要同地方共同合作,帮助地方政府提供一些产品和服务;地方政府的职责大体上是提供初等教育、地方性的公共安全、公共服务以及促进地方经济的良好稳定发展(见表6-4)。

表6-4　　　　　　　英国各级政府事权和支出责任划分

责任主体	事权范围	支出责任
中央政府	资源配置、稳定经济、提供全国范围的公共产品和服务(国防、教育、环保、社会保障、交通运输以及通讯等)、协助提供地方性的公共产品与服务、监督仲裁平衡各地方政府工作、外交、空间及海洋开发、科技发展、能源开发等	国防、外交、社会保障、公共健康和医疗、中央政府债务的清偿、对地方的补助、高等教育、司法、刑事、商业与贸易、住房建设
郡(市)政府	公共建设、公共安全、社会福利发展、社会设施改良、提供地区性质的公共产品与服务(初等教育、公共交通以及公共空间管理等)	基础教育、治安、消防、公路养护、居民住宅建设、灾害防治、城市规划、公共服务、少量地方公共基础设施投资、道路、交通、文化、居民医疗与保健、娱乐与文化设施建设(如剧院、音乐厅、博物院、图书馆、公园等)、环保、垃圾处理与回收、公共福利、消费者保护、民事登记、推动旅游业和经济的发展等
教区(镇)政府	公共建设、公共安全、社会福利发展、社会设施改良、提供地区性的公共产品和服务(初等教育、公共交通以及公共空间管理等)	促进经济发展、旅游、交通、道路、机场、供水、垃圾归集与回收、殡葬、环保、运动、街道清扫、娱乐与文化设施(如剧院、音乐厅、博物院、图书馆、公园等)、消费者保护、选民登记、居民住宅建设、城市规划、旅游开发等

资料来源:李建军,杨天乐.英国地方政府支出责任和地方税:经验与启示[J].财政监督,2017(09):12-18;黄景驰,蔡红英.英国财政事权及支出责任机制研究[J].河南大学学报(社会科学版),2016(01):45-53.

由图 6-2 可以清晰地看到，英国地方政府 2014~2015 年支出最多的三个项目分别是福利支出、其他事务支出和教育支出，总共占地方事务支出的 82%。地区性的福利支出由地方政府来提供是合理且高效的，合理体现在地方政府应该有所作为，为本地区的公民提供福利性项目，使他们能安居乐业，不能全靠中央政府的援助；高效体现在由于地方政府在地理位置上离本地区的公民更近，更容易和清晰地获取他们的需求，因此能够按照公民的需求合理配置资源。福利支出一般包括福利院、家庭福利服务、住房补贴等。教育支出占地方事务支出的 27%，居于福利支出之后，教育包括初等教育、高等教育等各种方式的教育，中央政府承担高等教育支出，地方政府主要提供初等教育，除此之外还有诸如职业教育，成人教育等。

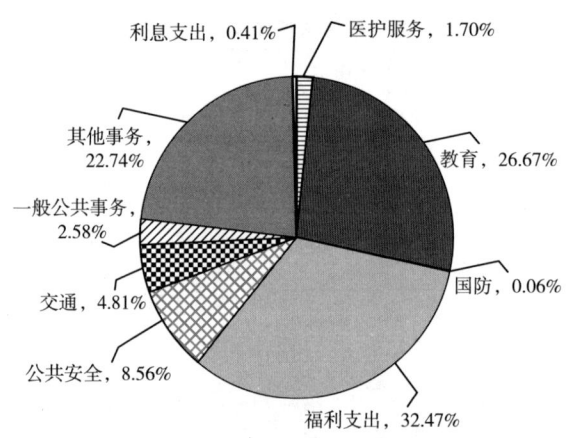

图 6-2　英国 2014~2015 年地方事务支出结构

资料来源：黄景驰，蔡红英. 英国财政事权及支出责任机制研究 [J]. 河南大学学报（社会科学版），2016（01）：45-53.

6.2.2　地方政府间税收收入划分

英国的财政管理体制以及财政收入分配制度呈现出高度集中的特点。2015 年英国中央政府直接财政收入为 6454 亿英镑，地方政府直接财政收入为 385 亿英镑，分别占英国政府直接财政收入的 94.37% 和 5.63%。英国政府直接财政收入中税收收入为 5089 亿英镑，其中中央政府占 92.24%，地方政府占 7.76%①。由这组数据可知,英国中央政府财力雄厚,几乎占据全国政府直接财政收入的全部,而地方政府直接财政收入仅占 5.63%。通常来讲,英国地方政府的财政收入主要由四个部分组成,分别是地方税收收入、中央政府拨款、地方债以及收费。由于地方政府财政收入较少但又要履行相关职责,因此很依赖中央政府拨款。由于英国政府财政收入结构中税收收入所占比例较大,因此下面着重分析英国政府间税收收入划分。

英国的分税制十分严格,中央收入及地方收入是完全按照税种来进行划分的,税务机关负责征收各自的税收收入。

从税收收益来讲,中央政府税收收入主要来自个人所得税、增值税、国民保险税、公司所得税以及消费税等。地方政府税收收入基本来源于地方议会税(北爱尔兰称作营业房产税)和非住宅房产税(又称营业税),其中非住宅房产税虽由地方征收,实则为中央税。除此之外,还有一些小税种,小税种的税收收入十分有限,主要包括环境税、土地税、地方车辆消费税、旅游税、地方印花税、地方销售税等。这里稍微介绍一下地方议会税,地方议会税是一种财产税,它是对已满十八岁的住房拥有者或租赁者的应税住所征税,应税住所包括自用住宅以及租用住宅,当地政府对照房产价值等级划分表,以房屋评估价为基础,根据不同等级指定不同的比例来计算具体税额。地方议会税收入主要会用于市政方面,同时也会单独地拿出一部分来分给地方警局或教区。

从税收管理来讲,英国中央政府掌控着税收管理权。中央政府不仅拥有主要税种的管理权,而且税收收入的较大比例也划归中央政府来支配使用,一般来讲,地方税收收入仅有整个税收收入的大约 10%。尽管地方政府在某些事项方面有一定的自由权,可以自主裁决,但大体上还是要受到中央政府监控。地方政府掌握着地方税的征收管理权,而且所征得的收入由地方来支配使用,但地方政府对税种的开征或停征、税率以及征税范围等调整必须交由中央政府决定,中央政府许可后还需通过相应的立法程序。英国地方税的设置遵照四个原则:一是不允许地方政府征收高额度的累进税;二是如果某种税的税基流动性很大,那么这种税不应当被地方政府征收;三是可能会对不是本地居民的人

---

① 数据来源:http://www.ukpublicrevenue.co.uk。

造成税负转嫁后果的税,地方政府不应当征收;四是地方政府不应当对受益人不是本地居民的人征税,如表6-5所示。

表6-5　　　　　　　　　英国各级政府税种划分

征税主体	税种
中央政府	个人所得税 公司所得税 国民保险税 石油收益税 资本利得税 资本转移税（又称赠与税） 关税 增值税 消费税（包括烟草税、酒税以及赌博税等） 燃料税 遗产税 印花税
地方政府	地方议会税（北爱尔兰称作营业房产税） 非住宅房产税（又称营业税） 地方车辆消费税 地方销售税 地方印花税 土地税 旅游税 环境税

资料来源:李建军,杨天乐.英国地方政府支出责任和地方税:经验与启示[J].财政监督,2017(09):12-18.

表6-6显示,英格兰地方政府财政收入主要由补助收入、地方资金收入和其他收入组成。2013年,英格兰地方政府财政收入中有62.90%来自中央政府补助,另外,在地方资金收入中议会税占54.77%。2014年,英格兰地方政府财政收入中有57.75%来自中央政府补助,地方资金收入中议会税占40.77%。这样的数据表现证实了地方财政收入中有过一半来自中央政府补助,体现了地方政府在财政收入上对中央政府的依赖。另外,地方议会税作为地方税的主要税收收入来源,在地方支出中发挥的作用不容忽视。从2013年4月起,中央政府推出了非住宅财产税保留计划,导致当年非住宅财产税这一项在次年数额为零,而非住宅财产税保留计划这一项在次年出现数额,这样做可以

免去补助返还，直接由地方政府分享一小部分非住宅财产税，提高了资金的使用效率，激励了地方的发展。

表6-6　英国地方政府（英格兰）财政收入项目　　　单位：百万英镑

收入项目	2013年	2014年
补助收入	97692	90982
非住宅财产税	23129	—
其他	74563	90982
地方资金收入	48771	57319
议会税	26714	23371
非住宅财产税保留计划	—	10719
外部利息收入	815	839
资本收益	2124	2481
收费	12201	12695
市政租金	6916	7215
其他收入	8842	9253
总计	155306	157554

资料来源：李建军，杨天乐. 英国地方政府支出责任和地方税：经验与启示［J］. 财政监督，2017（09）：12-18.

6.2.3　转移支付制度

由于英国高度中央集权的特点，地方政府的财政收入超过半数需要中央政府补助。因此，转移支付制度在英国显得格外重要。英国政府间的转移支付制度主要由财政拨款、各种转移支付与补贴组成，如图6-3所示。

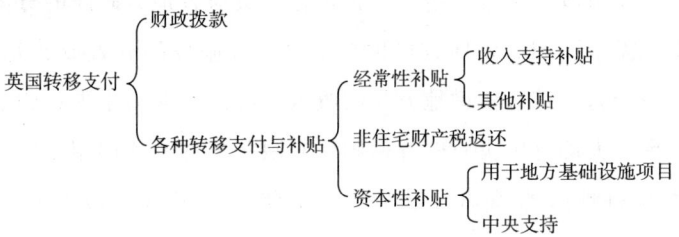

图6-3　英国转移支付分类情况

财政拨款是英国中央政府借助公式给予英格兰、苏格兰、威尔士以及北爱尔兰四个地区资金补助。财政拨款金额以各地区的人口比例为基础根据，即以英格兰地区人均财政支出水平为基础，然后再与各地区加权得出最终金额。

各种转移支付与补贴是英国中央政府对地方政府进行转移支付的又一种类型。它又可以具体细分为三种类型，即经常性补贴、非住宅财产税返还以及资本性补贴。经常性补贴又可划分为收入支持补贴以及其他补贴。收入支持补贴没有规定使用用途，与一般性转移支付很类似。相反地，其他补贴会规定使用用途，与专项转移支付很相似，例如教育、治安等同于专门项目的补贴；非住宅财产税返还没有指定使用用途，它是由税收返还制度安排演变而来。自2013年开始，英国非住宅财产税成为中央与地方的共享税，由中央政府与地方政府各分享一半，因而地方政府的直接税收来源中加入了非住宅财产税的分成收入；资本性补贴由用于地方基础设施建设的资本性补贴以及中央扶持的资本性补贴组成。值得一提的是，中央扶持的资本性补贴在实质上可看作是中央政府给地方政府提供的一种低利息贷款项目，在以后的时间里，地方政府要向中央政府还清本金和利息。例如，地方医院以及学校等长期项目的建设或者使用期限较长、价值较高的设备的购置，通常采用的就是中央政府给地方政府拨付贷款的方式，贷款金额是全部固定资产投资额的70%左右。然而，此种贷款会受到下面两方面的制约：一是大部分的投资项目必须由中央政府批准，并且还需严格监控，二是中央政府给予地方确定的信贷额度，一旦地方超过这个额度，中央就可依照法律规定对其采取惩罚措施。

中央给地方发放的一般补贴资金，地方政府可自由使用。中央政府通过运用统一的一般补贴计算公式，计算出对地方政府的一般补贴额度。从总体上来看，该公式主要由以下因素决定：一是过往中央对各地方政府的分配比例；二是地方的实际需求，如需要地方提供看护、照顾服务的老人或者儿童的人数；三是地方征税能力，综合考虑地方税收收入情况以及财力水平；四是地方补贴发放的增长率。大部分中央政府补贴归属有限制条件或使用用途的补贴，通常直接被用作扶持地方教育事业、治安、消防、住房以及地方公共基础设施建设。

由于英国地方政府的财政收入超过一半都需要中央政府补助，因此有学者认为，这种过度依赖中央政府转移支付的现象体现了中央政府对地方政府的过多管制，地方政府不需要亲力亲为地为筹集自身所需的财政资金作出相应努力，这样会减弱地方政府问责的有效性。

6.3 日本的地方财政体制

6.3.1 地方政府事权和支出责任划分

日本行政区分为1都（东京都）、1道（北海道）、2府（大阪府、京都府）和43个县（省），下设市、町、村。在政府事权和财政支出责任划分问题上，日本财政支出是通过地方预算安排的。

日本的国家体制是单一制，实行中央领导、地方自治。其政府管理体制由中央政府—都道府县政府—市町村政府这三级构成。日本实行的是"一级政府、一级财政"制度，也就是说所有政府都有其相对应的财政管理机构。各级财政相互有一定的独立性，负责各自的财政预算编制与各自职责范围内的财政问题。日本采取的是分税制的财政体制，在收入上集权，在支出上分权。

日本事权划分的基础是1949年美国学者夏普提出的"夏普劝告"，劝告中提出了三大原则，即明确行政责任原则、优先市町村原则以及效率原则。根据这三大原则，日本在各级政府事权和支出责任划分上，着重体现着"大地方政府"概念。从总体上讲，属于中央政府的事权包括：立法、司法、外交、防卫丨刑罚（监狱）、高速公路、国道、一级河川、教育（大学、私立大学资助）、社会保险、医师驾照、医药品许可证、货币发行、关税、通商、通信邮电、国有森林、物价指数控制、平衡国际收支和制定产业政策。凡与当地居民有密切关系的事务则由地方政府承担，如基础设施、治安、教育、社会福利、卫生保健、地域经济复兴、职业培训等。在事权分工方面，地方各级政府有一定的相对独立性，地方无力承担的事务最终发生在地方，则作为中央对地方的委托事项加以处理。与政府事权划分相对应，日本中央财政主要负责中央政府的一般行政费用，全国性的公共事业和公共工程、教育、国土开发、产业政策、外交和国防等开支。地方财政支出范围是：基础设施建设、教育、社会福利、卫生保健等。在上下级财政体制协调过程当中，中央对地方都道府县和市町村两级财政均有直接的补助关系。

各级政府的事权和支出责任划分是以下四个方面为指导：一是各级政府具有明确的职责范围。对于事关国家团结稳定、国防安全、涉及多地利益的事项由中央政府履行职责；本辖区内与本地居民公共需求高度相关的事项，主要由地方政府承担；对于支出责任超过地方政府承担能力范围的事项，由上级政府协调并给予支持。二是大地方政府原则。事权和支出责任划分能够充分地反映地方政府的职责主体性，即充分调动市町村政府的积极性，所有市町村政府能够高效履行的公共服务事项，都划分给地方政府。三是效率原则。对于市町村政府没有能力独立承担的事项，按照效率最优、成本最低的原则，由中央政府负责协助调节。四是有法律的明确规定。日本地方政府的事权是根据中央政府的意思表示，以概括的方式加以确定。这样做能够有效地解决各级政府间可能存在的事权重叠、支出责任无人承担，以至于最后发生的政府间责任相互推脱的严重问题。上述四点划分原则使得各级政府间事权、财权基本相匹配。除此之外，这样做不仅保证了中央宏观调控的有效实行，还能确保地方政府的相对自主性以及独立性，是调节央地政府财政关系的比较合规的安排制度，详见表6-7和表6-8。

表6-7　　　　　　　　日本地方政府事权和支出责任划分

责任划分		中央政府	都道府县政府	市町村政府
事权范围		国防、外交、国际事务、有关地方自治基本准则的事务、制定全国性的政策措施、有关国民行为的事务、规划全国性的项目	一系列区域性、统一性、联络调整性、补充性事务	消防、市政设施建设、基础教育
支出责任	安全秩序	外交、国防、司法、刑罚	治安	消防、户籍
	社会资本	高速公路、指定区间的国道、指定区间的一级河川管理	其他国道、都道府县道路、指定区间的一级河川管理、二级河川管理、城市规划、港湾、公营住宅	城市规划（公园、博物馆等）、市町村公路、河川管理、港湾、公营住宅、上下水道

· 148 ·

续表

责任划分		中央政府	都道府县政府	市町村政府
支出责任	教育	公立大学、对私立大学提供补助、公立博物馆、公立图书馆等	中小学教职员工的人事调整和工资发放、高中、特殊教育学校、对私立学校提供补助、都道府县立大学	幼儿园、小学、初中、市立大学
	福利卫生	社会保险、相关证照的颁发（如医师执照以及医药许可证等）、设立其他基准、公立医院、公立疗养设施等	町村生活保障、儿童以及老年人保健福利、城市规划	市生活保障、老年人及儿童保健福利、国民健康保险、垃圾和粪便归集与回收、公共福利
	产业经济	货币、关税、贸易、通讯、对国有林木的管理保护工作、邮政、经济政策	促进地区经济发展、职业培训、审核与指导中小企业	促进地区经济发展、农田水利事业

资料来源：王峰. 国外分税制的比较与评析 [J]. 经济研究参考，2009（07）：20-28. 陈宏. 日本财政现状、战略与挑战 [J]. 资本市场，2011（01）：77-79.

表6-8　　　　　2013年日本各级政府财政支出结构　　　　　单位：%

支出责任项目	都道府县	市町村	支出责任项目	中央政府
议会费	0.16	0.66	国债费	24.34
总务费	7.35	13.23	恩给费	0.41
民生费	16.11	34.66	社会保障关系费	33.23
卫生费	3.72	8.15	教育文化费	5.36
劳动费	1.11	0.36	产业经济费	2.85
农林水产业费	5.60	2.40	国土保卫及开发费	6.24
商工费	8.76	3.46	国防关系费	5.18
土木费	12.09	12.31	地方财政费	16.22
消防费	0.47	3.42	国家机关费	4.88
警察费	6.63	0.00	其他	0.93
教育费	22.70	10.27	预备费	0.36
公债费	15.30	11.10		
合计	100	100	合计	100

注：几个支出责任项目说明：议会费即地方权力机关的运转支出；总务费是为了地方能进行基础管理服务而筹集的；民生费就是所谓的福利支出；商工费即地方在商业以及制造业上的支出。

资料来源：李建军，余秋莹. 日本地方政府支出责任与地方税：经验与启示 [J]. 地方财政研究，2017（01）：101-108.

由表6-8可知，2013年，日本都道府县政府财政支出的前五位是教育费、民生费、公债费、土木费和商工费。市町村政府财政支出的前五位是民生费、总务费、土木费、公债费和教育费。据有关资料表明，2013年，日本各级政府的财政支出比重为中央：40.78%，都道府县：25.83%，市町村：33.39%。由此基本可知教育支出一般由地方政府来承担，除此之外，本区域内的基础设施费用也较多地由地方政府来承担。

6.3.2 地方政府间税收收入划分

日本为了强化中央的宏观调控职能，将税权牢牢地管控在手中，也正是如此，中央税收收入占据了总税收收入的70%左右，而地方仅占30%左右。日本政府间税收收入的划分，具有一定的合理性，能够正确引导各级政府的行为活动，并且各级政府都有自己的主体税种。中央和地方政府间税收收入的划分主要遵循四个原则。

一是税权划分以法律为依据。"立法权集中、执行权分散"是日本税收管理体制的基本原则。中央管控税收立法权，地方能够在国家相关法律允许的情况下自行来挑选税种、安排税率以及出台税收征收管理办法，建立健全适宜本地区使用的税收管理体系，即地方政府可以根据自治原则享有较大的自主决策权，有权决定地方税的开征和减免。但与此同时，中央政府又对地方政府进行严格的控制，实施"课税否决制"，严加管控地方政府，禁止其随意开征新税种或者安排过高的地方税税率。这样做的好处是能够合理安排地方税税率，避免不同地区的税负失衡问题以及可能存在的与中央重复征税的情况。

二是事权划分是税源划分的基础。中央政府的事权与支出责任主要是纵观全国而言的，地方政府的事权与支出责任则主要局限于本地区活动。因此，税权划分要能够给地方政府带来足够的财政资金，以确保地方政府能很好地履行职责。

三是全国统一管理以及征收较为容易的大税种归中央，征收过程繁杂的小税种归地方，这样可以在很大程度上提高各级税务机关的工作效率，减少无效率的税务行政损失。除此之外，还能够确保中央政府取得可观的税收收入进行各方面的宏观调控工作。

四是有关收入分配,体现宏观政策的税种由中央来征收管理。因为中央政府的主要职责包括收入分配以及宏观调控等,因此由中央政府来管控能够取得很好的成效。

就目前来讲,日本地方各级政府均拥有双主体税种,个人所得税以及法人所得税是中央的主体税种;都道府县的主体税种是都道府县住民税以及事业税;市町村主体税种包括市町村住民税和固定资产税,如表6-9所示。

表6-9　　　　　　　　　日本各级政府主要税种划分

征程主体	普通税	目的税
中央政府	普通税	所得税、法人税、遗产税、赠与税、消费税、消费让与税、酒税、砂糖消费税、注册牌照税、印花税、交易所税、日本银行券发行税、吨位税、烟草税、地方汽油税、航空燃料税、物品税、彩票类税、通行税、入场税、燃油税、石油煤气税、石油税、关税、有价证券交易税
	目的税	地方让与税、发展促进税
都道府县政府	普通税	道府县税、事业税、地方消费税、不动产取得税、烟草税、狩猎者登记税、固定资产税(特例)、法外普通税、道府县烟草税、高尔夫球场使用税、车辆购置税、特别地方消费税、矿区税
	目的税	机动车取得税、轻油交易税、狩猎税、水利地益税、法外目的税
市町村政府	普通税	市町村民税、固定资产税、市町村烟草税、矿产税、特别土地保有税、法外普通税、轻机动车税
	目的税	住宅用地税、国民健康保险税、入汤税、事业所税、都市规划税、水利地益税、公共设施税、法外目的税

资料来源:日本财务省;刘艳霞,尹旭,张达芬.英、日地方税体系与经验借鉴[J].武汉金融,2016(10):53-56.

由图6-4、图6-5可以看出,都道府县税收收入的前两位是道府县民税和事业税,占其总税收收入的60%,其中,道府县民税占据了40.23%;市町村税收收入的前两位是市町村民税和固定资产税,所占比例分别为44.52%和42%,总共占其总税收收入的87%。也就是说无论是哪级地方政府,民税在其税收收入中处于重要地位,高达40%左右。民税又称居民税,包括个人居民税和法人居民税。个人居民税是对收入和人头分别按比例和定额征收,法人居民税是法人税的一部分,对于其他组织按照其资本规模征收定额税。除此之外,地方消费税、机动车税和轻油交易税也在都道府县地方政府税收中占据较大的比例,对地方税收的贡献不可忽视。

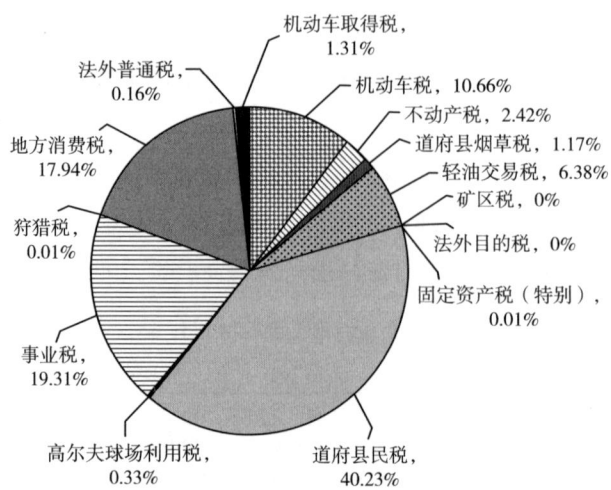

图 6-4　2013 年日本都道府县地方税收入结构

资料来源：李建军，余秋莹. 日本地方政府支出责任与地方税：经验与启示 [J]. 地方财政研究，2017（01）：101-108.

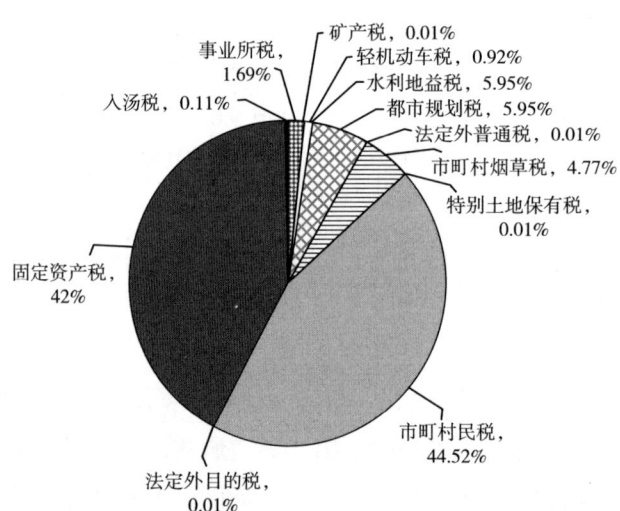

图 6-5　2013 年日本市町村地方税收入结构

资料来源：李建军，余秋莹. 日本地方政府支出责任与地方税：经验与启示 [J]. 地方财政研究，2017（01）：101-108.

6.3.3　转移支付制度

日本的政府间事权和支出责任划分比较明确，从整体上来看，日本地方政府承担着全国2/3的事权,中央政府承担着1/3的事权。相反地,中央政府却能够支配较多的财政收入,财政资金与事权多少的不适应使得地方政府不能很好地履行其职责,为了解决这种不平衡现象,就需要中央进行转移支付,改善地方政府的财政资金不足问题,即体现出中央政府筹款、地方政府支出的特点。日本的转移支付制度包括三种类型,即国库支出金、地方让与税以及地方支付税。其中,国库支出金又包括国库负担金、国库委托金以及国库补助金;地方支付税包括普通交付税以及特别交付税。国库支出金是中央政府直接进行拨付,其余两类都是间接交付给地方的。日本转移支付特点有以下五点:(1)转移支付制度法制化;(2)转移支付普遍化,大部分的地方政府都收到了中央政府的转移支付;(3)中央政府向各级地方政府进行转移支付直接化;(4)转移支付数额较为固定、确实;(5)确定了监督、控制机制,若有违反规定的情况存在,那么将会受到包括劝告、部分或者全部扣减地方交付税、税收返还等惩罚措施。日本的转移支付以地方交付税和国库支出金为主,如图6-6所示。

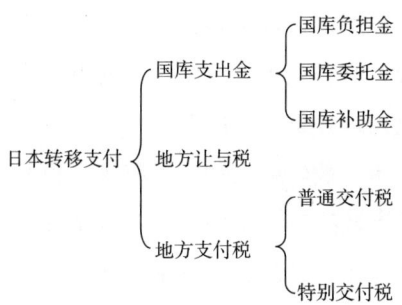

图6-6 日本转移支付分类情况

国库支出金指的是中央政府为了达成自己的目的,支付给地方政府的补助金,性质上类似于专项转移支付,即中央政府在拨付资金时规定了地方政府的支出用途以及提出一些其他制约条件。日本设置国库支出金主要是为了实现三个目的:一是有效落实事权与财权的统一;二是协助地方政府开展工作;三是实现财政的均衡化。国库支出金大致可划分为三种:国库委托金、国库负担金以及国库补助金。国库负担金,顾名思义就是中央政府同地方政府共同承担某一事项支出(例如义务教育)时中央政府对地方政府的补助。通常情况下,中央会承担部分或者全部资金，事项由地方政府来负责；国库委托金归属中央支出责任，即本来应该由中央负责的事项，然而依照效率原则中央政府将该事项委托给地方政府负责，并且划拨资金全部由中央负担；国库补助金指的是一般情况下，该事项完全是由地方政府负有履行义务，但是由于其符合中央政府的政策意图，所以给予地方政府资金支持，可以算作是一种奖励性、引导性资金。

地方让与税是基于税制改革、便于征管等方面的原因，中央政府将其征收的特定税种的收入通过一定比例科学地分配给地方政府，形成地方财政收入，由地方政府来支配和使用。归属地方让与税的特定税种包括航空燃料税、液化石油气税、汽车吨位税、公路税以及特别吨位税。地方政府对这部分收入的支配和使用并不是随意的，需要按照中央政府的要求来使用，带有专款专用的性质，主要用于修建一些基础设施。例如，航空燃料税主要用于航空方面；公路税、汽车吨位税和液化石油气税主要用在地方区域内的道路建设及维修。分配比例的多少使用因素法测算，与本地财政能力无关，依据是道路规模，例如总长度和面积等客观因素。所以，该类转移支付虽然具有专项配套的因素，但是由于与地方所提供的公共服务效果相挂钩，对地方政府有较强的激励作用，因此能够激励地方政府更好地提供公共服务。

地方交付税，类似于一般转移支付，是将中央税收收入中的一部分拨付给地方，其目的是使得地方政府有一定的财力基础来独立行使政府职能，从而达到调节地区财力差距的作用，并且会根据地方的财力充裕程度灵活确定分配比例。计算方法和程序运用由法律给予明确规定，而且没有规定资金的使用用途及目的。地方交付税由普通交付税以及特别交付税两种类型组成，分别占总地方交付税的94%和6%，然而当标准财政需求数额比标准财政收入少的时候，普通交付税就不再拨付。各级地方政府普通交付税拨付金额为标准财政需求数额减去标准财政收入额后的差值，需要说明的是在确定这两个数值时也有单位费用、计量单位以及修正系数等具体细节的规定。地方政府并没有把这部分补助投入到生产领域，而是较多集中在了公共事业、社会保障、公共设施建造等环节上，从而使公共品及劳务的提供趋于均等化。特别交付税主要针对一些灾害或在特殊情况下普通交付税无法解决的财政来源而产生的补充性财源。不同于地方让与税，具有较强的目的功能性，地方交付税最主要的目标就是均衡地区间的财力水平，实现公共服务均等化。中央政府将征收的中央税收收入中的烟草税、酒税、法人税、所得税以及消费税依照确定的比例拨付给地方政府，具体数额为酒税、所得税以及法人税的32%、消费税的24%、烟草税的25%。这类调剂资金不设定支出条件和特定用途，完全以调节地区间财力为目标。

日本的转移支付体系较为复杂，但是各类转移支付都具有较为明确且合理的目标定位。基本实现中央与地方之间的财政纵向平衡和横向平衡。日本转移支付制度加强了中央与地方相互依存的联系和中央对地方的财政管控，既保障地方政府的财力充足，又避免了其对转移支付的过度依赖，促进了不同地区之间的公共服务均等化，调动了地方政府履行公共职能的积极性，尤其是国库支出金制度推动了地方基础设施建设和社会事业的发展。

6.4 其他国家的市级财政体制

6.4.1 德国的市级财政体制

联邦德国的管理层次为联邦、州和地方三级。《德意志联邦共和国基本法》在财政收入的分配、财政支出责任的划分上突出了联邦制的相对独立性质，对政府事权划分做出了原规性规定。联邦政府与州和政府之间不是简单的直接领导与被领导的关系，其事权与财力界限十分明确，相互之间不能越权进行干涉。

联邦政府的事权包括：国家安全和武装力量；联邦行政事务；财政管理和国家海关事务；对外交往和国际关系；联邦铁路、公路、水道航运、空中航运和邮电通讯；社会保障，包括失业救济、医疗、退休保险及家庭社会补助；重大科学研究计划，主要是能源、外层空间、航天技术、海洋开发等高科技研究；煤田和矿山开采的部分跨区域的经济开发等。

各个州政府的事权包括：州的行政事务和财政管理；环境保护；卫生健康事业及保健设施建设；法律事务和司法管理；社会文化和教育事业等。除了上述联邦和州之间明确划分的任务之外，根据法律规定的原则，有些事务则由联邦和州共同承担。法律上确定的这种共同事务，主要是扩建和新建高等院校、地区性经济结构的调整和改善等。另外，按照降低成本和提高支出效率管理原则，在经过立法机关批准后，联邦公路、水道航运、航空运输和控制节约能源的研究利用等任务也可以委托有关州来承担。

德国地方政府的事权包括：地方行政事务及行政管理；地方公路建设和公共交通事务；科学文化和教育事业，包括成人教育、学校管理、博物馆和剧院等的管理和维护；水电和能源供应；社会住宅建设和城市发展规划；地方性公共秩序管理；卫生和医疗保障；社会救济等。此外，地方政府还接受联邦和州政府委托，承担诸如公共选举，户籍和人口普查之类的事务。对属于上级政府事务委托下级政府承担的事务，《基本法》明确规定，各州承担完成联邦委托的事务，所需的财政支出全部由联邦负担，但必须专款专用；属于联邦和州共同承担的事权，由双方协议确定各方财政支出负担的比例；对于超过各州财政负担能力的事务，联邦政府有义务通过特殊支付款的方式予以补助。这样，有助于各级政府各司其责，减少相互间的扯皮、推诿等弊端，便于实现分权自治管理。

6.4.2 法国的市级财政体制

法国行政区划分为大区、省和市镇，在经济上推行"混合经济"模式，与国家经济体制相适应，在财政管理上实行中央，地方分级管理体制，中央与地方政府各自承担着不同的财政支出责任，预算支出边界清楚。

中央权力高度集中，中央政府行使的事权范围较宽，负责国防、外交、司法等中央政府事权的正常运行，经济方面包括促进农业和外贸发展，直接进行投资或通过引导社会投资，支持地区经济发展，负责预测经济发展趋势，制定国家财政和税收政策，管理全国的税收，海关工作及公共会计；教育方面负责大学学校的建设，并统一支付全国所有教师的工资。与上述支出责任相适应，法国中央预算支出分为费用支出（指经常性事务开支）、资本支出（指用于固定资产购置的支出）和军费支出，它包括国防、外交、国家行政经费支出和重大建设投资（如铁路、公路、国营企业等）、国家对社会经济的干预、国家还本付息以及对地方的补助金等。

地方政府的事权范围主要集中在教育、卫生、城市基础设施建设等方面。

对教育的财政支出责任，按照法国有关法律规定，大学、高中、初中、小学分别由中央政府、大区政府、省政府、市镇政府管理并负责其建设费和正常运行费用，学校教师的工资统由中央政府支付，省级财政主要负责初中教育和中学生上、下学的交通网络。法国政府认为学校是政府的事权，因此，即便是私立学校，只要与政府签订合同，即可获得经费资助。大区一级财政主要负责经济发展和职业培训等；省级财政的任务还有省级公路的修建及部分社会福利；市镇财政主要负责安排居民的日常生活，即城镇的水、电、电视天线网络、小学教育、文体设施、老年人安置、市镇公路建设等、三级地方财政之间不存在隶属关系，其财政预算由各级议会决定，但国家对地方的三级财政收支都有事后的法律监督权。省和市镇预算支出，主要包括行政管理费、道路、文教卫生事业费、地方房屋建筑费、警察、司法、社会福利支出和地方债务还本付息等。

6.5 比较与经验借鉴

6.5.1 国外市级财政体制的总体分析

西方财政理论界普遍认为，政府具有资源配置、收入分配和经济稳定与发展三大职责，并把事关国家全局利益的收入分配职责和稳定经济职责赋予中央政府，主张地方政府在行使地域性较强的资源配置职责方面应有更多的作为，以效率为标准划分支出；规模较大的支出归中央财政，规模较小的支出归地方财政，包括外溢性较小和地方性较强的公共产品，包括基础设施、警察、消防等，更适合于由地方政府提供。

中央政府和各级地方政府均形成清晰的事权和财政支出责任范围。各个国家中央政府事权与财政支出责任类型大致是相同或相似的，在省（州）和地方政府事权和财政支出责任的划分方面，也不存在较大的差异，而且均能比较充分地调动各个方面的有效因素，发挥中央和各级地方政府的功效。

政府事权和财政支出责任的法治化。政府事权是财务支出责任范围划分的前提，同时也是多级财政体制协调过程的基础环节，因此在各级政府间财政关系中居于十分重要的地位，从对许多国家各级政府事权和财政支出责任范围划分的实践来看，很多国家充分注意到了这一问题的重要性，并且用法律的形式将政府事权划分和财政支出责任划分加以规范,从而使各级政府有效地行使职责,对政府间财政关系的协调运转产生了良好的作用。

6.5.1.1 政府间关系的发展趋势

(1) 政府间关系调整的分权改革。政府间关系调整的分权改革是近年来工业化国家行政改革的三大实践之一,分权改革的内容在联邦制国家与单一制国家有所不同,但总体上都是政府间关系朝着向增加地方自主性的方向发展,改变其过分依赖中央的局面,使政府间的资源分配更趋平衡,以提高相互依赖的程度。以美国为例,1980年,里根当上美国总统以后,面对庞大的联邦财政赤字,开始实行向各州下放权力的"新联邦主义"改革,其核心内容是联邦政府与州和地方政府分享财政,分担供给公共产品和公共服务责任,分享公共政府的权力,重新确立"自己照料自己"的联邦主义,改革的具体措施包括:联邦政府以"整体补助"来代替"分类补助",放松对州和地方政府的规制等。

与联邦国家相比较,英国、法国、日本等单一制国家在地方财政体制改革上比较激进,开始向地方自治的"准联邦制"转变。他们通过放松对地方政府在当地事务的管理权限、财政及人事任免等方面的控制,使地方政府由中央的代理机构转变为相对独立的准自治地方政府。

在英国,1997年工党上台执政以后,布莱尔首相提出了改革中央与地方的关系,英国采取的最重要的措施就是对威尔士、苏格兰和北爱尔兰地区实行自治,将地方政府行政权交给新成立的地方议会和由直接选举产生的地方行政长官。尽管自治地区在财政上仍然依赖于中央,但在地方管辖的自主权上几乎没有受到什么直接的限制。另外。英国也取消了集体负责制,从而大大加强了地方政府的自主性。

(2) 政府间的合作趋向。政府间合作在20世纪80年代以前以纵向政府间的合作为主,地方政府更大程度上是资源的竞赛者,20世纪80年代以来,这一现象有了较大的改变,地方政府之间不再是仅仅是竞争关系,他们在很多领域展开了广泛的合作,成为西方各国地方政府间关系发展的一种主要趋势,地方政府之间合作关系的发展与西方国家自治的发展有关,因为地方政府自主权的日益扩大,刺激了他们寻求合作、追求更大利益的欲望。

在美、德等国的地方政府间关系中，也有许多诸如"政府间协议""谅解备忘录""地方政府协会""市自治团体协会""县议会协会""城区议会协会"之类的合作，设立有"各州州长会议""各州财政首脑会议""各州联络办公室""村镇协会"等政府间合作组织。1915年成立的市政协会的主要任务，是在联邦、各州和地方政府之间就预算分配和征税权进行谈判。这些协定和机构之间彼此信任、互惠互利和互相合作。在美国，也存在众多的"州际协议"，在区际关系方面发挥着重要的作用。以美国为例，发展良好的州际关系主要有三种形式。

其一，正式或非正式的组织间合作形式。通过不同地方正式的或者非正式的组织或机构的合作，来完成一些特定的地方政府间方案。如污水、污物的收集、处理和排放，通常是由服务于较大地区和人口的政府来承担。各地方政府通过非正式的协力合作进行地区性的发展与建设，这是一种简单易行的地方政府间合作方式。政府人员是以非正式的方式合作，不受正式模式处理之法规限制。但这只能依赖合作关系人员间建立良好的关系，且参与人员的自由裁量权太大。

其二，合力协议方式。这是由两个或以上的地方政府根据共同协议进行服务的规划、财政的分配及执行的合作。例如，美国许多中小规模的市除了依靠自己的警力提供基本的警察服务，同时还向临近的市或县签约警察派出服务，有些城市可能联合使用犯罪实验室和广播通信设施来确认刑事嫌疑犯，这些合力协议的参与方，共同享有某些公共产品或服务。

其三，州际服务契约形式。地方政府以签契约的方式，共同提供地方政府所需的服务或其他合作事宜，例如，在收集固体垃圾的服务方面将大都会等区域进行划分，由大都会建立大型的垃圾处理中心则更具有规模经济效益。

20世纪90年代以来，地方政府之间的横向合作，已经不仅仅局限于解决和协调地方政府间问题，一些地方政府通过横向联合形成政治力量，试图对中央政府的公共决策和政策产生影响，在整个国家的政治体系中争取更大的利益。

（3）地方治理的多中心化。近年来，在经济全球化和政治民主化的挑战和压力下，多中心治理运动开始蓬勃兴起，这场运动就是以联邦主义和辅助性原则为指导的。所谓多中心治理，就是在地方治理的各个层次、各个区域同时进行调节，由多个主体同时供给公共产品和公共服务。多中心治理的基本目标是，拉近地方政府与人民之间的距离，恢复草根民主和公共精神，尽可能地实行多层次的地方自治，依靠多元化治理主体通力合作共同解决地方性问题。

西方国家的大都市治理就是地方治理多中心化的一个缩影，每个大都市市区内都存在着大量的独立、平等的公共管辖机构，不仅容纳了州政府与县政府，还包括若干中心城市、大的城镇群以及一些特别区，如校区、消防区等。例如，典型的旧金山大都市区有102个城镇，350万人口。在旧金山城市化进程中，形成了多中心城市空间发展模式，各城市彼此关系密切、地位平等，旧金山只是其中最大的著名城市而已，并无领导其他城市的权力。地方政府的多中心治理使地方政府在某些服务领域进行竞争，确保了服务水平在各个地区的改善，并且为具有不同偏好的居民或者企业提供了多样化的选择。同时也使不同的服务有不同的政治管辖单位来提供，他们相互合作进行互补，最大化地提高供给的效率。

6.5.1.2 政府间收入（税收）分享模式

（1）税权分散的美国模式。美国作为联邦制国家，其税权是分散的。联邦和各州政府都拥有独立的税收权力，地方政府的税收权力由州政府赋予。

联邦政府征税必须依据国会通过的法律，税收的开征、停征、税率的调整，均由国会决定。在州一级，州的立法权由州议会行使，州政府不得自行决定各种税费征收。州议会可决定开征州税和地方税、可收取的费、借款及支出项目。地方政府的权力机构与联邦和州不同，没有会议，只有一个民选的管理委员会负责行使一定税收立法权，地方一级除按照州的规定进行征税外，有权制定地方税方面的法律，并在州的授权下享有选择税率和税收减免，收取包括打猎、钓鱼许可证等服务费的权利。

联邦政府可以征除一般销售税和财产税之外的所有税种，包括个人所得税、公司所得税、社会保险税、关税、遗产税、赠与税、货物税等。主要税种包括个人所得税、社会保险税和公司所得税。州级政府可以征除关税和财产税外的几乎所有税种，并拥有相应的税率决定权。州级政府征收的税种包括：一般销售税、个人所得税、国内消费税、社会保险税、公司所得税、遗产税与税等。财政收入的主要来源还有个人所得税、国内消费税和社会保险税。地方政府负责征收的税种主要有财产税。

美国的联邦、州和地方政府都有各自独立的税务系统,联邦政府都下设国内税收署,主要负责征收联邦税。其内部设有三级:第一是总部,设在华盛顿,下设若干职能部门;第二是大区中心税务局,全国有 7 个大区中心税务局、10 个税务服务中心,2 个数据处理中心;第三是大区中心税务局下设的 63 个地区局以及大量的办事处,各州没有州税局,地方政府也有自己的税务机构。

(2)税权相对集中的德国模式。作为联邦国家,州的权限较大,但是税权划分上,德国是一个相对集权的国家。在德国,税法的基础是宪法确立的基本法,包括税收立法权的分配规定等。联邦和州都有制定税法的权利,但绝大多数税法是联邦制定的,市政府仅决定地方税的税率。各州在宪法赋予立法权的范围内拥有自己的立法权。此外,州还可以立法决定州税是否应归地方所有。

德国实行的是以共享税为主的模式,共享税收入在各级政府财政收入中占有很大比重。共享税的立法权在联邦,共享税的税种包括个人所得税、公司税和增值税。个人所得税和公司税的分享比例一经确定,就相对稳定。增值税因在转移支付制定中发挥作用,因此比例的确定经常进行调整。

(3)税权集中的法国模式。法国是一个单一制国家,税权采取集中模式。中央税和地方税的法律和政策都由中央统一制定,税收立法权属于议会。地方政府有一定的机动权,包括制定某些地方税的税案,决定开征必要的捐税,采取一定的减免税措施等。中央税(国税)包括增值税、个人捐得税、公司所得税、关税、消费税等。中央集中了大部分税收收入。地方税主要有房地产税、专利税、娱乐税和电力税等。

法国税务机构实行垂直领导,人、财、物高度集中,不受议会、行政区的任何干预。全国只有一套税务机构,即国家税务机关,没有地方税务专设机构,各种税收均由中央统一掌握。

(4)适度分权的日本模式。日本是一个单一制国家,但在税权划分上适度分权。其税收基本法规的制定权主要集中在中央,各级地方团体只能在税收基本法规范内就征收制定有关条例。

日本中央财政集中度高，国税的税源大、范围广（占税收收入的 2/3 以上）；日本基本上不实行共享税或统一税源由中央、地方分别征收的办法。日本的税种分别为国税和地方税两大类。国税包括个人所得税、法人所得税、继承税、赠与税、消费税、酒税、烟税、地价税等。都道府县税包括：都道府县居民税、事业税、不动产取得税、特别地方消费税、汽车购置税等。市町村税包括：市町村居民税、固定资产税、土地保有税、事业所税、都市计划税、共同设施税、货车税、客车税、国民健康保险税等。

就主体税种而言，中央财政的主体税种是个人所得税、法人所得税，都道府县的主体税种是事业税和居民税，市町村的主体税种是居民税和固定资产税。

日本税收征管机构分为国税系统和地方税系统，三级政府都有自己的税务机构，各征各的税，中央税由财务省国税厅负责征收，都道府县税由都道府财政局或税务局负责征收，市町村税由市町村财政局负责征收。

6.5.1.3 税收分享的国际经验总结

第一，从主要国家的税收分享经验来看，税收分享模式表现出多样的特征，而与一国是单一制还是联邦国家没有太多联系。联邦制国家有税权分散的，也有集中的；单一制国家有集中也有分散的。征税机构的设置也表现多样性，有统一的由中央税务系统征税的，也有分别由各级互不隶属的税务机构征收的。多样性的税收分享事实表明，一国在进行税收分享时，模式的选择很有余地，参考他国经验是必要的，但更重要的要看本国国情。

第二，税权集中，特别是中央政府拥有绝大多数税收收入对各级政府照样可以运转很好，只要有相应的、规范的转移支付形式以及足够的转移支付总额作为保证。税收分散，地方政府取得较多的税收收入时，对应的转移支付总额就不会太大。

第三，现实中，除了关税一律归中央、财产税基本上属于地方外，其他税种的归属很不一致。

第四，征税机构的设立，可以分设中央和地方，也可以只设中央税务系统，两种方式各有利弊。只设中央税务系统，可以发挥征税的规模经济优势，但不利于提高地方政府征税的积极性。分设中央和地方两套税务系统，有助于提高地方政府征税的积极性，但是机构运转费用也相应增加。哪一种征税机构模式更有利，取决于成本和受益的比较。事实上，由于外部条件的变化，成本和受益的对比关系也在演变当中，当这种演变达到一定程度时，就可能要求征税机构模式的转变。

6.5.2 我国市级政府财政体制与外国的比较

本部分将从三个方面着手来比较我国市级政府财政体制与外国的异同点，这三个方面分别是地方政府事权和支出责任划分、地方政府间税收收入划分和转移支付制度。通过对这三个方面的比较，可以清晰了解我国与外国在财政体制上的共同点与相异点，从而为下一部分的经验借鉴提供依据。

6.5.2.1 地方政府事权和支出责任划分比较

我国国务院在2016年出台了第49号文件。这份文件对我国中央政府、省政府以及市县政府的事权和支出责任划分提出了五点指导性内容：一是要根据基本公共服务提供的受益范围来划分；二是在明确政府职能的同时，还需要注重行政效率；三是统一权、责、利三方面；四是要能够起到鼓励地方政府主动、积极作为的作用；五是要使得支出责任同事权范围相适应。

美国是典型的联邦制国家，我国、英国以及日本均属于单一制国家。通过我国与美、英、日三国的比较可知，各国政府的事权和支出责任划分的原则基本相似，各国政府均具有较为明确和具体的事权和支出责任划分，并且由法律来加以约束，但我国在这一方面缺乏明确的法律界定，法制化程度还不是很高，并且事权划分较为模糊。相同的是几乎每个国家的国防、外交、经济增长以及全国性的产品和服务的提供一般由联邦政府或中央政府来负责，支出责任与事权范围相适应。地方政府一般负责与本地区相关的公共品的提供。美国、英国和日本的政府层级设计得较为简洁，且每级政府都较为独立，各司其职，大大提高了行政效率，但我国地方政府间财政关系复杂，上下级政府间财政独立性差。我国地方财政体制与行政管理体制基本对应，大部分地区实行省、地级市、县（市）、乡（镇）四级行政管理体制，过多的政府层级可能会导致相关政策在传递和执行中被延误或扭曲，也增加了政府部门的行政支出。另外，我国在事权与财力上不对等,但这个问题也不仅仅存在于我国,在其他国家均有体现。

6.5.2.2 地方政府间税收收入划分比较

我国政府间税收收入划分分为两种模式,一种是分税加共享模式,另一种是分税加分成模式。

分税加共享模式。中央政府和地方政府都拥有自己的固定收入,他们的共享收入中大税种包括增值税、企业所得税以及个人所得税,小税种包括资源税、城市维护建设税以及印花税。其中国内增值税中央政府与地方政府的分享比例为1∶1;企业所得税中除规定企业所得税全部为中央收入外,其余部分中央政府与地方政府的分享比例为6∶4;个人所得税中中央政府与地方政府的分享比例同企业所得税基本类似,也是6∶4;除海洋石油企业缴纳的资源税全部为中央收入外,其余部分为地方收入,需要说明的是水资源税改革试点的9个省份缴纳的水资源税也全部属于地方收入;城市维护建设税中除各类保险总公司以及各类银行总行集中缴纳的部分全部为中央收入外,其余部分归属地方收入;证券交易印花税收入为中央收入,其他印花税收入为地方收入。省向市级地方划分地方税收收入的具体比例各个省份、自治区均有所不同。

分税加分成模式。这种模式主要是省级政府保留部分特殊行业和重点企业税收外,对市级税收收入总额或基数增长部分进行政府间划分。采用该类模式的省份主要有5个,即江苏省、福建省、浙江省、辽宁省和湖北省。

将我国政府间税收收入划分与美、英、日三国进行比较,可知美国、英国和日本在税收法制化方面已经较为完备,但我国目前已经立法的税种并不多,税收法制化还需要加强。此外,美国的州政府在税收方面有较大的自主权,英国和日本地方政府根据自治原则也具有一定的自主财权,有一定能力来履行职责,然而我国目前地方财权与事权相关度不是很高,地方财政需要承担的支出责任很大,但税收管理权却十分有限。美国州政府主要收入来源于流转税,市、县、镇地方税收体系以财产类税收为主,地方议会税是英国地方主体税种,日本都道府县以所得税类为主,市町村以房地产税类为主。即这些国家政府均有稳定的地方主体税种,能保证地方有持续的税收收入,然而我国的地方主体税种不明显,尤其是全面营改增之后,我国地方政府愈发缺乏具有稳定收入来源的主体税种。美国、英国和日本通过对信息化技术的充分利用，已经建立起较为完善的税收征管系统，实现各有关部门的信息共享，具有较高的征管效率和较低的征税成本，而我国在这一方面做得还不够好，还需要不断提高征管水平。

6.5.2.3 转移支付制度比较

我国市级转移支付类型主要有三种，分别是一般转移支付、专项转移支付以及税收返还。我国市级一般转移支付在这三种转移支付方式中处于重要地位，由于各省级经济发展情况各异，更不用说是市级地区间财力差异性大小，因此市级一般性转移支付主要目的就是调节市级各地区间财力差距，实现公共服务均等化。市级专项转移支付是为地方政府项目和工程设定的特殊目的的转移支付，并不是无条件的随意补助拨款，专项转移支付的使用方向和范围有着明确规定，中央对地方的专项转移支付是市级专项转移支付资金的主要来源。市级专项转移支付分配过程中常被使用到的是因素法。税收返还是指中央政府对地方政府上缴的税收收入按照一定比例进行返还。这种转移支付形式是一种不打击地方积极性、能保障地方财政收入的资金补助措施。具体包括三种类型：一是中央对地方的两税的既定比例返还，这两税分别是增值税以及消费税；二是所得税基数返还；三是成品油税费改革税收返还。其中，市级所得税基数返还有一些具体规定，一是省与市、县一起投资的联营企业以及股份制企业，企业所得税中归属于地方的部分依照投入资产占比分别划拨到省级与市、县的收入中；二是由中央与市、县共同投资的企业所得税地方部分全部返还到市、县收入中去；三是市、县企业和个人所得税收入均为市、县收入。

通过比较可知，每个国家的转移支付制度都各有特色，体现了不同的政策导向。上一级政府通过转移支付增加下一级政府的财政收入，使其能有充足的财力保证来履行相关职责。忽略转移支付资金的拨付形式，从整体上看，各个国家的转移支付大致划分为两种，即一般转移支付以及专项转移支付。一般转移支付一般对资金的用途不作要求，由地方政府自行决定资金的使用，而专项转移支付一般是带有目的性的，上一级政府为了实现自己的政策目标，将资金拨付给下一级政府，用在上一级政府所规定的项目或事务上。各个国家在一般转移支付和专项转移支付上所投入的资金比例是不同的。日本和我国比较注重一般转移支付以缩小各地区差异，以提供均等化的产品和服务为目的，而美国及英国则注重专项转移支付以实现中央政府的特定目标。各国的转移支付制度都由法律予以明确且透明化程度较高，在管理方面也各有特色，但我国在这一方面就做得不是那么完善，还需加强、加快转移支付制度法律建设，提高管理水平，加大一般转移支付的支付力度。

6.5.3 经验借鉴

美国、德国、日本等主要发达国家制订并实施了一系列行之有效的政策措施。由于我国的国情不同，市场机制尚不健全，不能依葫芦画瓢来做，而应立足本国的具体情况，有取舍地借鉴国外的成功经验。本部分在系统梳理国外发达国家市级财政体制促进经济增长的有效政策措施的基础上，结合我国的具体国情，总结出一些可资借鉴的经验启示，为制定与完善符合我国国情的有效促进经济增长的市级政策提供重要参考。

6.5.3.1 地方政府事权和支出责任划分

一是要推进政府事权和支出责任划分的法制化，用法律手段确定地方政府事权和支出责任。通过对美国、英国和日本关于政府事权和支出责任划分方面的了解可知，这三个国家都是用法律手段明确了各级政府应该履行的事权以及应该承担的支出责任。美国法律明确了各级政府的事权和支出责任，需要指出的是地方政府的事权和支出责任是由州政府的法律来给予规定。英国通过制定法律的方式规定了地方政府应提供的地方公共服务及最低标准。日本法律明确规定，日本地方政府的事权根据中央政府的意思表示，以概括的方式加以确定。反思我国目前的状况，我国地方政府间事权和支出责任划分没有法律作为相关依据，凭借国外经验，我国应加快立法进程，用制定法律的方式来确定政府间事权和支出责任划分，避免因政府间事权和支出责任划分缺乏权威性和确定性而给大众和国家发展带来不利影响。

二是要促进政府间事权和支出责任划分的明确化、合理化。明晰的政府事权和支出责任划分可以使得各级政府对自身的职责范围有一个充分的了解和认识，可以有效避免责任相互推脱，从而大幅度提高行政效率和百姓满意度。中国目前对事权和支出责任划分的界限还比较模糊，中国的五级政府会出现事权和支出责任上的混合交叉,财权集中中央,而事权却集中地方,尤其是基层政府承担着较多的支出责任,但是基层政府自有财力却难以支撑这庞大的支出。只有明确事权和支出责任的划分才能使财政支出和收入数额被很好地确定下来,促使地方政府的事权、支出责任与财力相配合。合理化体现在凡是覆盖全国的公共产品或服务,全部由中央政府来承担起责任;受益范围具有显著地区性的,则由地方政府来承担起责任,此外还存在一部分中央和地方政府共同分担的公共产品或服务。

6.5.3.2 地方政府间税收收入划分

一是应尽快确立并培养我国地方税种。目前我国的财权主要集中于中央,地方财力薄弱,而事权则主要由地方来承担,由于我国地方主体税种不突出以及营改增全面实施后,我国地方政府愈发缺乏具有稳定收入来源的主体税种,致使地方政府几乎没有能力来承担任务繁重的事权。通过国外经验借鉴,我国应加大力度完善房地产税以及资源税并将它们培育成地方主体税种。根据各地区的经济发展状况选出便于本地区征管的主体税种,同时应该鼓励各地地方政府在充分调研本地区实际的情况下实行差别化选择。选出税种后依照国家治理机构、地区差别以及主体功能区目标等因素,合理规划地方税收规模,税收规模的确定应以一定时期地方政府提供地方公共产品或服务所需的基本财力为依据。

二是使省级政府也能拥有一些适当的税收权力,然后省级政府再进一步向下分配税权,逐步实现市级政府的事权与财权相适应,逐步解决事权与财权不均衡的问题。给予地方适当的税收权力,可以确保地方政府将事权与财权有机地结合起来。借鉴外国经验,将关乎全国利益的税收的法律制定权集中在中央政府,地方政府可以自主开征或者停征仅关乎地方利益的税种,但中央政府拥有否决权,即中央政府可以对地方政府进行适当的监督调控,防止地方政府权力的滥用。但是对于税源不关乎其他地方利益或者与中央几乎不存在税源分配的情况,那么就可以直接让地方政府自主决定。为便于管理和控制,地方税收法律制定权仅由省级政府拥有,省级政府可依据本地实际情况,开征或者停征地方税,调整相关课税要素。省级以下的地方各级政府对地方税收收入进行分成即可。

三是大力推进全国税收征管系统信息化,不断提高税收征管水平和效率。通过对信息数据和分析技术的运用,使得信息化的优势在税收征管中得到充分发挥。应当将各级政府平台以及第三方网络平台的涉税信息综合起来利用,不断完善税收基础信息的登记,使信息管理体系更加完备和健全。通过采取上述一系列措施,建立起全国统一的税收征管信息系统。除此之外,还应当设立相关财产估值机构,综合考虑纳税人经营规模、行业风险程度以及涉税风险大小,实行分类管理,可由符合资质条件的社会服务机构或者其他团体、组织承担部分税收业务,地方政府则将重点放在税收管理和稽查方面,这样做的好处是可以大大提高征管效率,同时也能够削减征管成本。

6.5.3.3 转移支付制度

一是从实际出发,选择适合我国的转移支付制度。美国、英国和日本等发达国家建立并完善本国的转移支付制度,都以自身实际情况为依据。我国在进行转移支付制度的改革和完善时也应当坚持从实际出发。我国是一个地幅辽阔、人口众多以及文化丰富的国家,各个省、市、县乡在自然资源、文化背景、政治因素、历史发展等方面存有一定的差异,且各个地区的经济发展水平也大不相同,致使我国各个地区间的发展不均衡的现象愈发扩大。在分税制改革之后,中央政府和地方政府的事权以及财权始终没有完全区分。因而,我国在制定转移支付制度时应充分考虑我国国情和各地区实际情况。

二是转移支付制度的制定要以本国现阶段的发展目标为基础。一般转移支付的目标主要是使各地区间的财力差距缩小,实现基本公共服务水平的均等化。专项转移支付是上级政府的政策目标的一种体现,并且专项转移支付资金一般会流向像教育、医疗、社会保障等非生产性领域,而且随着发展阶段的不同,政府重点支持的领域和项目也会有所变化。就我国目前来讲,我国现阶段的目标是实现基本公共服务水平均等化。因此,加大一般转移支付力度是我国需要进一步落实的。

三是转移支付资金分配应当选择科学合理的方法。由于因素法的规范性和科学性,现大多数国家使用的都是因素法。因素法以客观因素为依据,通过数学公式和相关统计方法进行计算。客观因素主要会考虑以下四个方面:第一是经济因素,例如产业结构、居民收入水平以及地区经济发展形势等;第二是社会因素，例如风俗习惯、人口流动、医疗卫生状况以及社会稳定情况等；第三是自然因素，例如资源、气候以及水文等；第四是其他因素。

6.6　本章小结

本章围绕着国外市级财政体制比较展开，主要介绍了美国、英国、日本、德国和法国五个国家的财政体制，财政体制的介绍选取了地方政府间事权和支出责任划分、地方政府间税收收入划分和转移支付制度这三个角度。美国是典型的联邦制国家，英国和日本是单一制国家，一般情况下，受益范围为全国性的事务由联邦或中央政府来承担，区域性强的事务由地方政府来承担，除此之外，还有一些联邦或中央与地方政府共担的事务。在税收收入划分方面美国地方政府的自主权较大，英国和日本会受到一些来自于中央政府的限制，导致地方税收收入可能不足以满足地方政府开展活动，需要转移支付来解决。转移支付通常来说包括无要求的一般转移支付和规定了运用途径的专项转移支付。通过对这三个国家的财政体制的了解，再对比我国的财政体制，得到几点值得借鉴的经验，以推进我国地方财政体制的完善和发展。

第 7 章

政策建议

我国的五级政府架构和垂直管理的财政体制既存在纵向财力不均衡缺陷又存在着财力分配关系不顺等问题。横向来看,省际与省域发展、资源禀赋、税基结构仍存在明显差异。笔者认为"省对市"财政体制框架必须从横向、纵向进行多维度设计,结合以上观点与本书实证分析的结果,本书的核心观点是:差别化的税收分成仍然是目前地方财政体制中税收分成的唯一选择。本书提出以下完善地方财政体制及激励政府行为转变促进经济增长的政策建议。

7.1 加快确立和培育地方主体税种

"营改增"后我国地方税面临着主体税种缺失,对共享税收依存度较高制约着地方政府财政汲取能力。现行地方税征收管理体制存在的问题妨碍了政府行为的规范,降低了地方政府行政能力。我国地方税体系建设应遵循"加快转变政府职能、促进现代国家治理体系构建原则,财权与事权相匹配、支出与责任相适应原则,遵循宏观税负稳定原则,贯彻有利于税制结构优化、调动中央和地方两个积极性原则,执行整体设计、稳步推进原则。我国税权划分可实行立法权、停征权归中央,赋予地方一定的调整权和解释权模式,同时,理顺税收执法权限、整合税收司法权税收收入划分模式。近期以共享税为主,逐步培养地方主体税种;长期以成熟的地方主体税种为主,共享税为辅,通过逐步扩大地方专税收入占比,形成大共享税分成与地方税收入占比大体相当的格局。未来,地方税体系由省、地市二级地方税构建而成,保证省级和地级市政府有稳定的收入来源。构建科学的地方税体系必须理顺省与市政府间税收关系，确保基层政府"财源"。优化税制，地方政府确立的主体税种必须符合经济发展和税收便利原则。因此，如果要确立每级政府的财权，仅仅依靠现阶段的各税种是不现实的。对比我国现阶段发展可以看出，目前流转税已经成为各省级的主体税种，根据受益原则，财产是个人享受地方提供公共产品的受益参考物，个人或家庭应该根据财产和个人能力缴纳税收。可以说，财产税作为市县财政的主体税种是符合税收基本原则的。

7.2 进一步加快地方政府事权和支出责任的划分

从国家层面出发，建议进一步加快对地方政府事权和支出责任的划分，建立权责相匹配的"省对市"财政体制，建立现代化的"省对市"财政制度。中央财政应进一步具体划分中央、省、市、县级财政支出责任，在收入划分、财力分配等方面作出相应调整，建立财权与事权相匹配的省以下财政管理体系。首先，进一步推进政府事权和支出责任划分相关法律制度化，用法律手段确定地方政府事权和支出责任。我国应加快立法速度，用制定法律的方式来确定政府间事权和支出责任划分，避免因政府间事权和支出责任划分缺乏权威性和确定性带来的不利影响。其次，应促进政府间事权和支出责任划分的明确化、合理化。明晰的政府事权和支出责任划分可以使各级政府对自身的职责范围有充分的了解和认识，有效避免责任相互推脱，从而大幅度提高行政效率和百姓满意度。五级政府容易出现事权和支出责任上的混合交叉，财权集中于中央，而事权却集中于地方，尤其是基层政府承担着较多的支出责任，使基层政府自有财力难以支撑庞大的支出。合理化体现在覆盖全国的公共产品或服务，应由中央政府来承担起责任；收益范围具有显著区域性的，应由地方政府承担相应责任，此外，应具体划分中央和地方政府共担的公共产品或服务权责。最后，进一步深化省与市县财政事权与支出责任划分的改革。八个类别的十七项基本公共服务应被列为省市县的共同财政事务，并且取消按照东部、中部、西部区域实行的旧补贴方式，改为依照人均财政资源和人均支出水平，准确制定省对市县的分档次分担方式，缓解基层人民生活支出压力，确保民生政策得到更为有效地落实。省级政府要根据省以下财政事权划分、财政体制及基层政府财力状况,在政府层级架构调整的基础上,依据事权的决策权、执行权、监督权与支出责任等要素,根据要素属性在政府间进行合理界定。对于地方政府,省级财政主要负责省内社会管理、市场监督、区域法治建设、省级道路交通、水利枢纽等工程支出以及社会保障项目和公共卫生等;地级市财政的事权范围主要包括区域域内社会治理、公共事业发展等具体支出事宜,主要包括本级行政与司法部门经费、地级市支持和安排的基建投资、城市维护建设经费以及农村社保项目,以改善区域公共设施、直接服务群众的各种琐碎繁杂的辖区具体事务。

7.3 设计现代化的省对市财政体制

一是,国家应出台省对下财政体制改革指导、监督、风险管理等意见:①出台省以下财政体制统一性的指导文件。虽然我国各省财政状况、经济发展环境和资源禀赋情况各异,全国不可能统一施行同一套省以下财政体制管理体系,但目前我国仍缺乏一个全面、专业、详尽的省以下财政管理体制的指导性文件,针对我国当前的省对下财政体制普遍状况,提出有针对性的解决办法。应由中央政府设计和出台一个统一且规范化的省对下分税制财政体制方案或实施意见,作为各省根据本省省情制订省对下财政体制的基本依据,规范省以下收入划分。②加强省对下监督管理与协调。各省跟踪与监督省对下政府财政体制形成真空,省级政府权利小,而中央对省对下财政管理体制的协调能力并未充分发挥,使得省的权利未受到有效控制和约束。清理各级政府间税收返还、专项补助、原体制补助、体制上解、专项上解、增量集中比率、税收返还基数等措施非常困难,需要审计部门对地方转移支付资金分配情况、资金使用和投资收益及基层政府净转移支付额进行监督和评估。③加强地方政府风险管控,防止财政困境地方财政风险防范解决地方财政困境。

二是,税收分成模式与激励机制需要进一步创新:①摒弃落后的分成方式:如按企业隶属关系划分收入。部分省份仍沿用1994年分税制以前的省以下财政管理办法,即按照企业隶属关系划分省级政府与地市间财政收入的情况，按企业隶属关系划分收入与当前的经济发展不相匹配，也不利于企业的发展。②税收分成激励形式多样化。"省对市"财力分配方式可以采取更多的激励形式，如增收激励机制、以奖代补、增收返还及增长幅度超出部分返还等多种形式，以鼓励市、县级政府"良性增收"。③地方税收分成应差别化和细致分化。我国各省经济发展状况普遍存在着不均衡的情况，虽然各省通过对地市转移支付能够解决一部分市县的财政困境，但若各省在制订本级省对下财政体制的税收分成制度安排时能够按照各地市、县级政府的财力不同实施差别化的收入分成安排，能够更加有效地促进地市、县均衡发展。限制省以下政府对生产要素和经济资源流动的"自利性"是省以下财政体制改革的主要方面。当前各省份都分布不同开发区，如重点开发区、革命老区、民族地区等资源分布不均衡的地区，应通过"省对市"税收收入分成差异化以更好调控资源使之有效流动。

7.4 地方政府层级扁平化

明确一级事权、一级财权、一级政权、一级税基、一级预算、一级产权、一级举债权为构建公共财政提供制度保障。完整的各级财政体制必须是一级政权组织包含一级事权、财权、预算、税基及举债权"六位一体"，这也是构造公共财政框架的改革方向。必须得到制度性保障，才能使得地方政府不再过多地关注地方财源建设，将主要任务集中于市场经济体制的深入和推进，尽可能排除约束市场经济体制发展的障碍。也只有依靠市场经济体制的不断发展，地方财政才能可持续运转。从强化地方"辖区财政责任"入手，确保地方财政平稳运行。财政体制上的层级化体现在对本级财政负责，是导致财政越往下越脆弱的体制根源。由于我国是实行一级政府一级财政，对于目前省以下财政体制存在的问题，在原有"省直管县""乡财县管"的基础上进一步推进政府层级扁平化，将原有的中央、省、市、县、乡五级，逐步缩减至三级，即中央、省、市（县）三级政府架构形成三级财力分配格局，压缩行政级别，减轻城乡差距。

参考文献

1. 王梅婷,张清勇. 财政分权、晋升激励与差异化土地出让——基于地级市面板数据的实证研究[J]. 中央财经大学学报,2017(01):70-80.

2. 吴群,李永乐. 财政分权、地方政府竞争与土地财政[J]. 财贸经济,2010(07):51-59.

3. 武康平,闫勇. 土地财政:一种"无奈"选择更是一种"冲动"行为——基于地级城市面板数据分析[J]. 财政研究,2012(10):56-60.

4. 李涛. 财政分权背景下的土地财政:制度变迁、收益分配和绩效评价[J]. 经济学动态,2012(10):27-33.

5. 梅冬州,崔小勇,吴娱. 房价变动、土地财政与中国经济波动[J]. 经济研究,2018,53(01):35-49.

6. 鲁元平,张克中,欧阳洁. 土地财政阻碍了区域技术创新吗?——基于267个地级市面板数据的实证检验[J]. 金融研究,2018(05):101-119.

7. 邹秀清. 中国土地财政区域差异的测度及成因分析——基于287个地级市的面板数据[J]. 经济地理,2016,36(01):18-26.

8. 邵朝对,苏丹妮,邓宏图. 房价、土地财政与城市集聚特征:中国式城市发展之路[J]. 管理世界,2016(02):19-31,187.

9. 范子英. 土地财政的根源:财政压力还是投资冲动[J]. 中国工业经济,2015(06):18-31.

10. 宫汝凯. 财政不平衡和房价上涨:中国的证据[J]. 金融研究,2015(04):66-81.

11. 李郇,洪国志,黄亮雄. 中国土地财政增长之谜——分税制改革、土地财政增长的策略性[J].经济学（季刊），2013，12（04）：1141-1160.

12. 曹广忠，袁飞，陶然. 土地财政、产业结构演变与税收超常规增长——中国"税收增长之谜"的一个分析视角[J].中国工业经济，2007（12）：13-21.

13. 李冉. 规范和完善政府间转移支付制度研究[D].河南大学，2008.

14. 王峰. 国外分税制的比较与评析[J].经济研究参考，2009（7）：20-28.

15. 忻晨. 地方政府间财政转移支付制度研究[D].复旦大学，2009.

16. 汪宏伟. 市级财政体制问题研究—以陕西为例[D].西北大学，2009.

17. 粟尉廷. 进一步完善我国分税制改革的思路[D].财政部财政科学研究所，2011.

18. 杨德强. 市级财政体制改革研究[D].财政部财政科学研究所，2011.

19. 卢俊峰. 推进河南省"市级"财政体制改革的对策研究[D].郑州大学，2011.

20. 陈宏. 日本财政现状、战略与挑战[J].资本市场，2011（1）：77-79.

21. 王浩. 完善我国分税制的主要建议[D].东北财经大学，2012.

22. 楼继伟. 中国政府间财政关系再思考[M].北京：中国财政经济出版社，2013：219.

23. 章润兰. 我国政府间事权划分问题研究[D].东北财经大学，2015.

24. 刘润泽. 市级财政转移支付制度改革研究[D].山东财经大学，2015.

25. 刘墨琴. 市级财政转移支付制度研究[D].安徽财经大学，2016.

26. 刘艳霞，尹旭，张达芬. 英、日地方税体系与经验借鉴[J].武汉金融，2016（10）：53-56.

27. 黄景驰，蔡红英. 英国财政事权及支出责任机制研究[J].河南大学学报（社会科学版），2016（01）：45-53.

28. 陈侯坚. 美国政府事权与财政支出责任划分及其启示 [J]. 经贸实践, 2017 (24): 46.

29. 熊若愚. 美国与德国政府间税收收入划分模式简介 [J]. 税务研究, 2017 (01): 74-78.

30. 张彦英. 美国政府间税收划分: 现状、效应及启示 [J]. 财政经济评论, 2017 (01): 114-125.

31. 李建军, 杨天乐. 英国地方政府支出责任和地方税: 经验与启示 [J]. 财政监督, 2017 (09): 12-18.

32. 李建军, 余秋莹. 日本地方政府支出责任与地方税: 经验与启示 [J]. 地方财政研究, 2017 (01): 101-108.

33. 李勇彬. 中央与地方税收收入划分问题研究 [D]. 中央财经大学, 2017.

34. 尹娇. 中国地方税体系主体税种选择研究 [D]. 江西财经大学, 2017.

35. 陈欣欣. 地方政府间事权与支出责任划分研究 [D]. 华中师范大学, 2017.

36. 黄颖婷. 英美地方政府治理比较研究 [D]. 南京航空航天大学, 2017.

37. 穆亚杰. 我国市级财政转移支付制度研究 [D]. 首都经济贸易大学, 2018.

38. 邓子基, 唐文倩. 我国财税改革与"顶层设计"——市级分税制财政管理体制的深化改革 [J]. 财政研究, 2012 (02): 2-6.

39. 方红生, 张军. 财政集权的激励效应再评估: 攫取之手还是援助之手? [J]. 管理世界, 2014 (02): 21-31.

40. 傅勇, 张晏. 中国式分权与财政支出结构偏向: 为增长而竞争的代价 [J]. 管理世界, 2007 (03): 4-12.

41. 郭庆旺, 贾俊雪. 财政分权、政府组织结构与地方政府支出规模 [J]. 经济研究, 2010 (11): 59-72.

42. 胡志勇, 卢以恒. 中国税收分权与地方政府规模的实证分析 [J]. 财政研究，2015（06）：46-50．

43. 吕冰洋．政府间税收分权的配置选择和财政影响［J］．经济研究，2009（06）：16-27．

44. 汤玉刚，苑程浩．不完全税权、政府竞争与税收增长［J］．经济学（季刊），2011（01）：33-50．

45. 陶然，陆曦，苏福兵，汪晖．地区竞争格局演变下的中国转轨：财政激励和发展模式反思［J］．经济研究，2009（07）：21-33．

46. 谢贞发，席鹏辉，黄思明．中国式税收分成激励的产业效应——基于市级增值税、营业税分成改革实践的研究［J］．财贸经济，2016（06）：18-33．

47. 张军．分权与增长：中国的故事［J］．经济学（季刊），2008（01）：21-52．

48. 周黎安，吴敏．市级多级政府间的税收分成：特征事实与解释［J］．金融研究，2015（10）：64-80．

49. 袁飞，陶然，徐志刚，刘明兴．财政集权过程中的转移支付和财政供养人口规模膨胀［J］．经济研究，2008（05）：70-80．

50. 黄思明．中国式地方税收分成制度的比较研究［J］．江西师范大学学报（哲学社会科学版），2017（05）：65-73．

51. 林毅夫，刘志强．中国的财政分权与经济增长［J］．北京大学学报（哲学社会科学版），2000（04）：5-17．

52. 陈抗，Arye L. Hillman，顾清扬．财政集权与地方政府行为变化——从援助之手到攫取之手［J］．经济学（季刊），2002（04）：111-130．

53. 席鹏辉，梁若冰，谢贞发．税收分成调整、财政压力与工业污染［J］．世界经济，2017，40（10）：170-192．

54. 乔宝云，刘乐峥，尹训东，过深．地方财政激励制度的比较分析［J］．经济研究，2014（10）：37-46．

55. 郭杰，李涛．中国地方政府间税收竞争研究——基于中国省级面板数据的经验证据［J］．管理世界，2009（11）：54-73．

56. 唐飞鹏．省际财政竞争、政府治理能力与企业迁移［J］．世界经济，

2016,39(10):53-77.

57. 刘穷志. 税收竞争、资本外流与投资环境改善——经济增长与收入公平分配并行路径研究[J]. 经济研究,2017,52(03):61-75.

58. 沈坤荣,付文林. 税收竞争、地区博弈及其增长绩效[J]. 经济研究,2006(06):16-26.

59. 李永友,沈坤荣. 辖区间竞争、策略性财政政策与FDI增长绩效的区域特征[J]. 经济研究,2008(05):58-69.

60. 谢贞发,范子英. 中国式分税制、中央税收征管权集中与税收竞争[J]. 经济研究,2015(04):92-106.

61. 傅勇,张晏. 中国式分权与财政支出结构偏向:为增长而竞争的代价[J]. 管理世界,2007(03):4-12.

62. 刘放,杨筝,杨曦. 制度环境、税收激励与企业创新投入[J]. 管理评论,2016,28(02):61-73.

63. 刘小勇,丁焕峰. 邻里竞争、财政分权与政府财政支出偏向研究——基于三层分权框架的角度[J]. 当代财经,2015(07):35-44.

64. 龙小宁,朱艳丽,蔡伟贤,李少民. 基于空间计量模型的中国县级政府间税收竞争的实证分析[J]. 经济研究,2014(08):41-53.

65. 踪家峰,李蕾,郑敏闽. 中国地方政府间标尺竞争——基于空间计量经济学的分析[J]. 经济评论,2009(04):5-12.

66. 黄思明,王乔. 税收集权、工业企业规模与发展偏好[J]. 财政研究,2018(05):79-87.

67. 周黎安. 中国地方官员的晋升锦标赛模式研究[J]. 经济研究,2007(07):36-50.

68. 陈真玲. 生态效率、城镇化与空间溢出——基于空间面板杜宾模型的研究[J]. 管理评论,2016,28(11):66-74.

69. 王宇澄. 基于空间面板模型的我国地方政府环境规制竞争研究[J]. 管理评论,2015,27(08):23-32.

70. 李敬,陈澍,万广华,付陈梅. 中国区域经济增长的空间关联及其解释——基于网络分析方法[J]. 经济研究,2014(11):4-16.

71. 潘文卿. 中国的区域关联与经济增长的空间溢出效应 [J]. 经济研究, 2012 (01): 54 – 65.

72. 龙志和, 李伟杰. 空间面板数据模型 Bootstrap Moran's I 检验 [J]. 统计研究, 2014 (09): 97 – 101.

73. 汪冲. 资本集聚、税收互动与纵向税收竞争 [J]. 经济学（季刊）, 2012 (01): 19 – 38.

74. 朱红琼. 区域财政研究 [M]. 中国财政经济出版社, 2005.

75. 罗长林. 合作、竞争与推诿——中央、省级和地方间财政事权配置研究 [J]. 经济研究, 2018, 53 (11): 32 – 48.

76. 王小龙, 方金金. 财政"省直管县"改革与基层政府税收竞争 [J]. 经济研究, 2015, 50 (11): 79 – 93.

77. Elhorst, J. Paul. Spatial Econometrics: From Cross-Sectional Data to Spatial Panels [M]. Springer-Verlag Berlin Heidelberg, 2014.

78. Jin, H., Y. Qian and B. R. Weingast. Regional Decentralization and Fiscal Incentives: Federalism, Chinese Style [J]. Journal of public economics, 2005, 89, 1719 – 1942.

79. Qian, Y. and C. Xu. Why China's Economic Reforms Differ: The M - Form Hierarchy and Entry/Expansion of the Non - State Sector [J]. Economics of Transition, 1991 (01): 135 – 170.

80. Panizza, U. Political and Macroeconomic Institutions: A Study of Fiscal Centralization and the Links Between Income Distribution and Long-run Growth [D]. John Hopkins University, 1998.

81. Xie Danyang, H. F. Zou, H. Davoodi. Fiscal Decentralization and Economic Growth in the United States [J]. Cema Working Papers, 1999, 45 (02): 228 – 239.

82. Oates W. E. Fiscal Decentralization and Economic Development [J]. National Tax Journal, 1993, 46 (02): 237 – 243.

83. Dixit Avinash, M. Olson. Does Voluntary Participation Undermine the Coase Theorems [J] Journal of Public Economics, 2000, 76 (03): 309 – 335.

84. Xu Chenggang. The Fundamental Institutions of China's Reforms and Devel-

opment [J]. Journal of Economic Literature, 2011, 49 (4): 1076 – 1151.

85. Musgrave R. A. The Theory of Public Finance: A Study in Public Economy [M]. New York: MC Graw-Hill, 1959.

86. Tibeout C. M. A Pure Theory of Local Expenditures [J]. 1956, 64 (05): 416 – 424.

87. Besley Timothy & Case Anne. Incumbent Behavior: Vote-Seeking, Tax-Setting, and Yardstick Competition [J]. American Economic Review, 1995, 85 (01): 25 – 45.

88. Allers M. A. , J. P. Elhorst. Tax Mimicking and Yardstick Competition among Local Governments in the Netherlands [J]. International Tax and Public Finance, 2005, 12 (04) 493 – 513.

89. Oates Tax Policy in the Real World [M]. Cambridge University Press, 1972.

90. KeenM. J. Vertical TaxExternalities in the Theory ofFiscal Federalism [J]. IMF Staff Papers, 1998, 45 (03): 462 – 471.

91. Lyytikainen T. Tax Competition among Local Governments: Evidence from a Property Tax Reform in Finland [J]. Journal of Public Economics, 2012, 96 (03) 584 – 595.

92. Qian Y. G. Roland. Federalism and the Soft Budget Constraint [J]. American Economic Review, 1998, 88 (12) : 1143 – 1162.

93. Besley Timothy, Case Anne. Incumbent Behavior: Vote-Seeking Tax-Setting and Yardstick Competition [J]. American Economic Review, 1995, 85 (01): 25 – 45.

94. Keen M. J. Kotsogiannis C. Does Federalism Lead to Excessively High Taxes [J]. American Economic Review, 2002, 92 (01): 264 – 275.

95. Maarten Allers, J. Elhorst. Tax Mimicking and Yardstick Competition Among Local Governments in the Netherlands [J]. International Tax and Public Finance, 2005, 12 (04): 493 – 513.

96. Soto M. System GMM Estimation with a Small Sample [J]. UFAE and IAE Working Paper, 2010, 7 (08) 80 – 90.